Harry Potter

Manuel non-officiel

de Cuisine

pour sorciers et non-magiciens

FSC
www.fsc.org
MIXTE
Papier issu de sources responsables
Paper from responsible sources
FSC® C105338

Ce livre ne fait pas partie de la licence Harry Potter.

En tant qu'ouvrage non-officiel, il est indépendant de toute écriture, collaboration, approbation, ou licence de la part de J.K.Rowling, Warner Bros Entertainment Inc., leurs éditeurs et/ou leurs représentants.

Ni l'auteur ni l'éditeur ne sont d'une quelconque manière affiliés aux pré-cités, ni avec aucune autre personne ou compagnie ayant un intérêt dans l'œuvre Harry Potter.

Édition : BoD - Books on Demand
12/14 rond-point des Champs Élysées, 75008 Paris

Imprimé par Books on Demand GmbH, Norderstedt, Allemagne

ISBN : 9782322038770
Dépôt légal : octobre 2014

"Je vois beaucoup de courage.
Des qualités intellectuelles, également.
Il y a du talent et...ho ! ho ! [...]
tu es avide de faire tes preuves,
voilà qui est intéressant...
Voyons, où vais-je te mettre ?"

J. K. Rowling

"Lumios !"

Véritable Bière-au-beurre fraîche (boisson sans alcool) p.39

PROCLAMATION.

DÉCRET D'ÉDUCATION

N° 1152

LE MINISTÈRE RAPPELLE À TOUS LES SORCIERS DE 1ER CYCLE QUE L'USAGE DE LA MAGIE LEUR EST INTERDIT EN DEHORS DE L'ÉCOLE.

PAR CONSÉQUENT, LA PRÉSENCE D'UN ADULTE MAJEUR ET/OU D'UN SORCIER DE SECOND CYCLE EST TRÈS FORTEMENT RECOMMANDÉE AFIN DE SUPERVISER L'UTILISATION DES OBJETS ET ACTIONS POTENTIELLEMENT DANGEREUX ET PERMETTRE QUE LES DÉCOUPAGES, DÉPLACEMENTS, CUISSONS, ETC SE FASSENT SANS COUPURES , BRÛLURES OU EXPLOSIONS DIVERSES.

IL EST AUSSI VIVEMENT CONSEILLE D'UTILISER LES SORTILÈGES ET ÉQUIPEMENTS DE PROTECTION ADÉQUATS.

LE MINISTÈRE ATTIRE L'ATTENTION DU LECTEUR ET/OU DE SES REPRÉSENTANTS LÉGAUX SUR LEUR RESPONSABILITÉ À ASSURER LEUR SÉCURITÉ ET CELLE DE LEURS INVITÉS, EN PARTICULIER CELLE DES PERSONNES SOUFFRANT D'ALLERGIES ALIMENTAIRES, AINSI QUE CELLE DES FEMMES ET DES SORCIÈRES ENCEINTES.

LA RESPONSABILITÉ DE L'AUTEUR ET DE SES REPRÉSENTANTS NE SAURAIT ÊTRE ENGAGÉE EN CAS D'HOSPITALISATION
DANS LES SERVICES DE SOINS AUX BLESSURES NON MAGIQUES OU DE SORTILÈGES EXPÉRIMENTAUX.

Pour le Ministère de la Magie :

A. Beaupommier

Sommaire

Privet Drive

Oncle Vernon, Tante Pétunia et leur fils Dudley, la famille de Harry, résident au 4 Privet Drive au sud-ouest de Londres et sont particulièrement fiers de ne vivre ni mystères, ni bizarreries : ils n'ont pas de temps à perdre avec ces balivernes. ES-1

∞ Hamburger Spécial Dudley ∞

Dudley, le cousin de Harry a un appétit vorace.
Chaque année, le jour de son anniversaire est l'occasion d'une telle avalanche de cadeaux et de hamburgers que même Harry peut se régaler ce jour là. ES-2

♦ **Préparation** : 20mn ♦ **Cuisson** : 25mn ♦

♦ **Ingrédients** (pour 4 personnes) ♦
8 petits pains
4 steacks hachés (500gr)
30gr de beurre
8 tranches de bacon
1 oignon
125gr de cheddar rappé
2 tomates
8 feuilles de salade
4 cornichons
1 pincée de sucre
Moutarde, ketchup

Préchauffez votre four à 120°C (th. 3-4)
Jetez un sort d'Etanchoeil et épluchez l'oignon. Puis coupez-le en rondelles et mettez celles-ci à cuire 20mn dans une petite casserole à feu moyen avec un verre d'eau.
Faites fondre le beurre dans une poêle et cuire les steacks 4mn sur chaque face. Gardez-les au chaud dans le four.

Rincez la poêle à l'aide d'un sort de Nettoitout, puis réutilisez-la pour cuire le bacon jusqu'à ce qu'il soit croustillant.

Ôtez l'excès de gras en épongeant à l'aide d'un papier absorbant et gardez au chaud dans le four.
Lorsque les rondelles d'oignon sont transparentes, ajoutez la pincée de sucre et laissez caraméliser quelques instants. Réservez au chaud.

Lavez les tomates, coupez-les en rondelles, ôtez le jus et les graines et réservez.
Rincez les feuilles de salade et égouttez-les soigneusement.
Égouttez les cornichons et coupez-les en tranches.

Toastez les petits pains à l'aide d'un sort de Souffle-de-Dragon de niveau 1 (ou d'un grille-pain) .
Tartinez une tranche de ketchup et l'autre de moutarde puis jetez un sort d'Empilage afin de monter le hamburger dans l'ordre suivant : première moitié du petit pain, première feuille de salade, steak haché, cheddar, bacon, rondelles d'oignon, tomate, seconde feuille de salade, rondelles de concombres puis enfin la seconde partie du petit pain.
Dégustez bien chaud.

Pas tonnant que ton cousin ait un derrire pareil s'il s'empiffre sans jamais faire de sport ! Ron

Ron, ce n'est pas très gentil. Hermione

Peut tre mais c'est vrai. Ron

He ! Allez crire dans vos livres ! Harry

ꟹ Dessert préféré d'Oncle Vernon ꟹ

Oncle Vernon était tellement troublé par les dizaines de lettres surgissant de partout qu'il tenta de clouer la boîte au lettres...avec une part de cake. ES-3

♦ **Préparation** : 10mn + 20mn de repos ♦ **Cuisson** : 45mn + 30mn ♦

♦ **Matériel** ♦

1 moule à cake
1 mixer
1 plaque à pâtisserie et 1 feuille de papier cuisson anti-adhésif
1 paire de gants anti-brûlures

♦ **Ingrédients** (pour 6 personnes) ♦

Cake :
1 pot de yaourt nature non sucré
2 pots de farine
1 pot de sucre
1/2 pot d'huile
3 œufs
1/2 sachet de levure

Pâte à tartiner (pour 1 pot de 300gr) :
100gr de noisettes
100gr d'amandes
130gr de sucre en poudre
1 cuillère à café d'eau
100gr de sucre glace
20gr de poudre de lait entier
30gr de cacao
10gr d'huile de tournesol

Commencez par réaliser le cake.
Pour cela, préchauffez votre four à 180°C (th. 6-7) et versez le yaourt dans le saladier.
Gardez le pot et lavez-le à l'aide d'un sort de Récur'vite, il vous servira à mesurer la suite des ingrédients.
Tamisez la farine et la levure dans le saladier puis ajoutez le sucre et mélangez bien.
Ajoutez ensuite les œufs (sans les coquilles) puis l'huile.

Versez la pâte dans votre moule et enfournez 40-45mn selon votre four.

Le cake est cuit si lorsque vous plantez votre baguette magique (ou un couteau) en son centre elle ou il en ressortent secs.

Réalisez ensuite la pâte à tartiner.
Baissez la température du four à 150°C (th.5-6).
Disposez la feuille de papier cuisson sur la plaque puis étalez dessus les noisettes et les amandes.
Placez ensuite la plaque au four 20-25mn jusqu'à ce que les fruits soient d'une jolie couleur dorée (ou utilisez un sortilège de Souffle-de-Dragon de niveau 3).
Placez une casserole sur le feu et portez le sucre et l'eau à ébullition, puis réduisez le feu et laissez cuire 2-3mn.
Versez les noisettes et les amandes et touillez avec votre baguette (ou une cuillère en bois) jusqu'à ce que le mélange devienne brun.
(il est normal qu'une coque blanche se forme autour des fruits, à la chaleur, elle va fondre et caraméliser).
Ajoutez ensuite le sucre glace, la poudre de lait, le cacao et l'huile et mélangez encore.

Enfilez vos gants anti-brûlures et versez le contenu de la casserole sur le papier cuisson et la plaque, étalez et laissez refroidir 20mn.
Versez le mélange dans le mixer et mixez quelques instants jusqu'à ce que vous obteniez la consistance désirée.
Attention, plus vous mixerez, plus la pâte deviendra liquide.
Mettez en pots et conservez au frigo.

Découpez autant de parts de cake que vous avec de convives, et servez en mouillettes avec la pâte à tartiner.

Chef d'œuvre de Tante Pétunia, p.21.

ꟿ Chef-d'œuvre de Tante Pétunia ꟿ

Dody est désolé d'avoir fait s'écraser le gâteau par terre, mais il fallait absolument attirer des ennuis à Harry pour l'empêcher de retourner à l'Ecole. CHS-2

♦ **Préparation** : 10mn + 30mn de repos ♦ **Cuisson** : 20-25mn ♦

♦ **Matériel** ♦

1 moule rond de 24cm
1 moule à savarin de 24cm
(ou deux moules de dimensions identiques)

♦ **Ingrédients** (pour 6 personnes) ♦

Biscuit :
350gr de farine
1 sachet de levure
100gr de fécule de maïs
225gr de beurre
175gr de sucre en poudre

Garniture :
1 paquet de jelly à la fraise
(voir chapitre "Magasinage")
250gr de fruits rouges
250gr de crème fouettée
50gr de violettes en sucre
1 poignée de feuilles de menthe

Préchauffez votre four à 180°C (th.5-6) et débutez le biscuit.
Tamisez la farine et la fécule de maïs dans un saladier à l'aide d'une sort de Neige-Dru.
Dans un bol séparé, mélangez le beurre ramolli et le sucre.
Versez ensuite sur la farine et mélangez encore.
Versez ensuite dans le moule rond, lissez et enfournez 20-25mn jusqu'à ce que le biscuit soit légèrement doré.

Laissez refroidir avant de démouler et réservez.

Rincez les fruits puis équeutez-les et égouttez-les.

Délayez la jelly dans 300ml d'eau frémissante, ajoutez ensuite 300ml d'eau froide (ou suivez les indications du fabricant) puis versez la jelly dans le moule à savarin, ajoutez les fruits et faîtes prendre au frigo durant 30mn.
Pour démouler : placez la base du moule quelques secondes dans l'eau chaude et démoulez avec précautions.

Montez le dessert de la manière suivante, n'hésitez pas à utiliser un sort de Consolidification.
Placez le biscuit refroidi sur le plat de présentation et posez la jelly aux fruits dessus.
Disposez ensuite la crème fouettée dans le trou au milieu de la jelly puis dessus de manière à former une pyramide.
Parsemez de violettes en sucre et de feuilles de menthe et servez sans attendre (les sorts de Lévitation sont à déconseiller pour le déplacement de ce dessert).

Petit déjeuner à l'Ecole des Sorciers

*Tous les matins, les longues tables de la Grande Salle se couvrent de porridge, de toasts, d'œufs au plat et de mille autre plats tandis que les hiboux apportent le courrier du matin sous le ciel magique.*CHS-6

Jus de citrouille

Servi à tous les repas !

♦ **Préparation** : 5mn ♦

♦ **Ingrédients** (pour 1 pichet) ♦
1l de jus de pommes
250gr de chair de potiron du potager (surgelé si hors saison)
125gr de confiture d'abricots
1 pointe de baguette de cannelle (= 1 pincée)

Versez tous les ingrédients dans un chaudron modèle standard de taille moyenne et mixez à l'aide d'un sort d'Ecrabouille (ou d'un pied à soupe) jusqu'à ce que le mélange soit bien homogène.
Ajoutez alors la pointe de cannelle et servez très frais.

Porridge

C'est alors qu'il dégustait son porridge matinal que Ron reçu une lettre "beuglante" après être arrivé à l'école en voiture volante. CHS-6

♦ **Préparation** : 10mn ♦ **Cuisson** : 5mn ♦

♦ **Ingrédients** (pour 4 personnes) ♦
200gr de flocons d'avoine
1/2l de lait
1 verre d'eau
1 pomme granny smith
1 poignée de noisettes concassées
2 cuillères à soupe de miel de la Forêt Interdite
1 bâton de cannelle
1 filet de jus de citron

Faîtes chauffer le lait et l'eau avec le bâton de cannelle dans un chaudron sur feu doux.
Versez les flocons d'avoine en pluie et mélangez dans le sens des aiguilles d'une montre durant 5mn jusqu'à obtenir une consistance moelleuse.
Ôtez le bâton de cannelle à l'aide d'un sort de Lévitation.
Rincez et épluchez la pomme puis découpez-la en fin bâtonnets, ajoutez le jus de citron, mélangez bien et réservez.
Mélangez les flocons d'avoine avec le miel en utilisant un sort de Touilletout, versez dans une coupe, disposez les pommes et les noisettes dessus et régalez-vous.

Gelée d'oranges

Rien de tel qu'une pile d'excellents toasts pour prendre des forces avant un match. PA-9

♦ **Préparation** : 20mn ♦ **Cuisson** : 7mn ♦

♦ **Ingrédients** (pour 4 pots de 250gr) ♦
1kg d'oranges non traitées au Rapid'Pouss
1 citron non traité au Pas-de-bébêtes
1kg de sucre à confitures pour 750ml de jus de fruits

Placez une petite assiette au congélateur.
Rincez les oranges et le citron puis à l'aide d'un sortilège de Découpetout (ou d'un couteau zesteur), prélevez les zestes des fruits.
Versez ensuite les zestes dans une casserole d'eau et laissez-les blanchir durant 5mn puis égouttez-les
Pressez les oranges et le citron afin d'en extraire le jus puis pesez ce jus.
Calculez alors le poids du sucre de la manière suivante : 1kg de sucre pour 750ml de jus.
Mélangez les jus dans un chaudron en cuivre (modèle standard, taille 2), portez à ébullition et laissez cuire 4 à 7mn selon les recommandations indiquées sur le paquet de sucre.
La gelée est prête lorsqu'une goutte versée sur l'assiette froide se fige le temps de compter jusqu'à dix.
Ajoutez alors les zestes, mélangez dans le sens inverse des aiguilles d'une montre, mettez en bocaux et laissez reposer une semaine avant de déguster.

༄ Assiette du Sorcier bien levé ༄

♦ **Préparation** : 20mn ♦ **Cuisson** : 20mn ♦

♦ **Ingrédients** (pour 4 personnes) ♦

4 œufs
8 tranches de bacon
4 tomates
50gr de beurre
60gr de chapelure
1 bouquet de persil du potager du château
1kg de champignons de la Forêt Interdite
50gr de beurre
1 bouquet de fines herbes (persil, ciboulette, estragon, cerfeuil...)
Sel et poivre

Brisez les œufs dans une tasse et versez-les doucement dans la poêle en répartissant le blanc harmonieusement autour du jaune à l'aide d'un sortilège de Dégoulinade (ou d'une cuillère en bois).
Laissez cuire à feu vif 3-4mn jusqu'à ce que les bords commencent à croustiller.

Faites chauffer une large poêle anti-adhésive, saisissez les tranches de bacon quelques instants sur chaque face jusqu'à ce qu'elles soient bien dorées puis réservez-les au chaud.
Préchauffez le four à 180°C.
Rincez les tomates, coupez-les en deux, salez-les légèrement et laissez-les égoutter sur une assiette.

Faites chauffer le beurre dans une poêle, déposez-y les tomates et laissez cuire chaque face 2mn à feu vif.

Rincez et hachez le persil.

Placez les tomates dans un plat allant au four, le côté coupé vers le haut et remplissez-les de persil et chapelure mélangés.

Ajoutez une noisette de beurre et enfournez 10-15mn pour des tomates plus ou moins fondantes selon votre goût.

Ôtez le pied sableux des champignons puis nettoyez-les rapidement à l'aide d'un sort de Débarbouilltout (ou d'un linge humide).

Épluchez les champignons et coupez-les en lamelles.

Faites alors fondre le beurre dans la poêle et y sauter rapidement les champignons à feu vif durant 5mn environ.

Parsemez d'herbes finement hachées et servez bien chaud.

Déposez les œufs sur le bacon et servez en compagnie des tomates et des champignons.

Repas favori de Harry

Dody aime cuisiner ce repas à l'Ecole de Magie car c'est le préféré de son ami Harry.

OP-11

℘ Petites tourtes au bœuf et aux rognons ℘

♦ **Préparation** : 30mn ♦ **Cuisson** : 45mn ♦

♦ **Matériel** ♦

1 moule à tartelettes

- 1 emporte-pièce de votre choix (étoile...) de environ 2cm de diamètre (voir chapitre "Techniques pour non-magiciens ")

♦ **Ingrédients** (pour 6 personnes) ♦

750g de bifteck
1 rognon de bœuf
30gr de farine (ou de fécule de maïs)
1 oignon
175gr de pâte feuilletée
200gr de pâte brisée
30gr de beurre
250ml de bouillon de bœuf
130ml de bière brune (sans alcool)
125gr de champignons de la Forêt Interdite
1 de jus de citron
2 cuillère à soupe de sauce Worcestershire
1 cuillère à soupe de concentré de tomates
1 cuillère à café de thym
1 feuille de laurier
1 œuf battu

Ôtez la membrane du rognon à l'aide d'un sortilège de Déshabillage, coupez-le en huit et enlevez les parties fibreuses et graisseuses.
Découpez la viande en petits cubes. Versez la farine (ou la fécule) dans un sac de congélation, ajoutez la viande et les morceaux de rognons puis refermez le sac et remuez doucement afin d'enrober la viande de farine.

Après avoir vérifié que tous vos champignons sont comestibles (et qu'aucun ne mord), nettoyez-les à l'aide d'un linge humide puis ôtez les pieds sableux. Épluchez-les, coupez-les en lamelles et versez dessus le filet de jus de citron afin d'éviter qu'ils ne noircissent.

Faites ensuite chauffer l'huile et le beurre dans un chaudron à fond épais.
Jetez-vous un sort d'Etanchoeil et épluchez l'oignon, découpez-le en fines lanières et faites-les fondre 5mn à feu vif avant de les ôter et de les remplacer par les morceaux de viande et de rognons.
Ajoutez alors la sauce Worcestershire, le concentré de tomates, la bière, le bouillon de bœuf, les champignons, le thym et la feuille de laurier.
Portez à ébullition et laissez mijoter 1h jusqu'à ce que la viande soit bien tendre.

Préchauffez le four à 180°C (thermostat 7-8).
Étalez les pâtes. Garnissez les moules de pâte brisée jusqu'au bord puis remplissez avec la préparation à la viande.
Formez les couvercles dans la pâte feuilletée en veillant à ce qu'ils dépassent des bords des moules de 1cm environ.
A l'aide d'un emporte-pièce, découpez de petites formes au centre des couvercles pour que l'air puisse s'échapper puis déposez-les sur les tourtes avec précautions et soudez les bords en appuyant légèrement dessus
(ou en jetant un sort de Colletout).
Badigeonnez d'œuf battu et enfournez 45mn.

℘ Tarte à la mélasse ℘

Rien ne résiste à une tarte à la mélasse, pas même une dispute entre deux amis. CS-12

♦ **Préparation** : 20mn + 30mn de repos ♦ **Cuisson** : 1h ♦

♦ **Matériel** ♦
1 cercle à pâtisserie de 20cm de diamètre
1 pot de légumes secs (haricots, pois...)

♦ **Ingrédients** (pour 8 personnes) ♦

Pâte :
200gr de farine
100gr de beurre
1 œuf
1 pincée de sel
3-4 cuillères à soupe d'eau du Lac recueillie par une nuit sans lune

Garniture :
450ml de golden syrup (voir chapitre "Magasinage")
150gr de corn-flakes natures et non sucrés
60gr de beurre
1 jus de citron

Tamisez la farine dans un saladier avec 40gr de beurre coupé en morceaux et mélangez du bout des doigts.
Lorsque le mélange est sableux, ajoutez l'œuf et le sel.
Mélangez bien encore, roulez en boule, couvrez d'un film alimentaire et laissez reposer 30mn au frigo.

Préchauffez le four à 180°C (Th. 7-8).
Étalez la pâte sur une épaisseur de 2mm à l'aide d'un sort de Rapid' Rouleau et déposez-la dans le cercle à tarte beurré.
Piquez le fond de la tarte à l'aide d'une fourchette ou d'un sort de Rouloursin.
Posez une feuille de papier cuisson sur la pâte, recouvrez-la de légumes secs et enfournez 20mn.
Enlevez ensuite la feuille de papier cuisson et les légumes.
Baissez la température du four à 160°C (Th.6)

Dans un petit chaudron sur feu doux, faites fondre le golden syrup puis ajoutez le beurre coupé en morceaux et le jus de citron.
Hors du feu, ajoutez les corn-flakes, mélangez et versez sur le fond de tarte.

Enfournez 20mn, baissez la température à 140°C (Th. 5) et continuez la cuisson 15-20mn encore jusqu'à ce que la tarte soit dorée et l'intérieur moelleux.

Laissez refroidir et servez avec de la crème fouettée.

Jus de citrouille (p.24), petites tourtes au bœuf et aux rognons (p.30), tarte à la mélasse (p.32.).

Une fête dans la Salle Commune

La fête se prolongea jusqu'à une heure du matin, lorsque le professeur Mc Gonagall, exigea qu'ils aillent tous se coucher. PA-13

ɞ Gâteau de Victoire ɞ

♦ **Préparation** : 5mn + 15mn de repos ♦ **Cuisson** : 10mn ♦

♦ **Matériel** ♦
1 emporte-pièce carré de 10cm de coté
(voir chapitre "Techniques pour non-magiciens")
1 plaque à pâtisserie
1 feuille de papier cuisson

♦ **Ingrédients** (pour 6 personnes) ♦

Gâteau
4 œufs
125gr de sucre
125gr de farine
20gr de beurre
1 pot de confiture de la couleur désirée

Nappages
Maisons du Lion, de l'Aigle et du Serpent :
150gr de sucre glace
2 cuillères à soupe de jus de citron
2 gouttes de colorant alimentaire : jus de betterave, d'épinard ou de myrtille.
Maison du Blaireau :
60gr de crème fraîche
125gr de chocolat à pâtisser

En fonction de la Maison qui gagne le match ou la Coupe, Dody et les autres elfes de maison changent la garniture du gâteau :
Pour la Maison du Lion, Dody utilise de la gelée de groseilles, pour celle de l'Aigle de la confiture de myrtilles, pour celle du Serpent de la confiture de rhubarbe, et pour celle du Blaireau de la pâte à tartiner (p. 18)

Préchauffez votre four à 200°C (th.7-8).
Dans une terrine, mélangez le sucre et les œufs jusqu'à ce que le mélange double de volume et soit très mousseux, utilisez si besoin un sort de Moussécume ou un batteur électrique.
Incorporez alors la farine en la tamisant à l'aide d'un sort de Neige-Dru.

Beurrez le papier cuisson et déposez-le sur la plaque à pâtisserie.
Disposez ensuite la pâte à l'aide d'un sort d'Etalement et enfournez 10mn.

Laissez refroidir 15mn.
Enlevez le papier cuisson et découpez le biscuit avec l'emporte-pièce.
Tartinez chaque tranche en fonction de la couleur désirée puis empilez jusqu'à former une petite tour semblable aux tribunes.

Réalisez le nappage de la manière suivante :

... Maisons du Lion, du Serpent et de l'Aigle : mélangez tous les ingrédients et versez aussitôt.

... Maison du Blaireau : faites fondre le chocolat avec la crème fraîche à feu très doux puis versez sur le biscuit.

Lissez, laissez sécher quelques minutes et servez accompagné de Bière-au-beurre (p.39 et 40) ou de jus de citrouille (p. 24).

ꕥ Crèmes Canari ꕥ

Inventées par Fred et George, les crèmes canari font pousser des plumes sur le dos de celui ou celle qui les avale sans méfiance. PA-13

♦ **Préparation** : 20mn + 1h de repos ♦ **Cuisson** : 5mn ♦

♦ **Matériel** ♦
4 ramequins

♦ **Ingrédients** (pour 4 personnes) ♦
2 cuillères à soupe de jus de citron
30gr de zestes de citron non traités aux Rapid'Pouss' ou Pas-de-Bébêtes
60gr de poudre d'amandes
250gr de crème fraîche liquide
50gr de sucre
2 feuilles de gélatine

Mettez les feuilles de gélatine à ramollir 15mn dans un bol d'eau.
Placez un petit chaudron sur feu doux.
Versez dedans le jus de citron, la crème fraîche et le sucre, mélangez bien.
Ajoutez ensuite la poudre d'amande et les zestes, mélangez encore à l'aide d'un sort de Touillage tout en imitant le chant du canari (cette étape est absolument essentielle à la réussite des crèmes).
Essorez la gélatine en la pressant doucement dans vos mains et ajoutez-la au contenu du chaudron.
Emplissez les ramequins, formulez le sort d'Emplumage avec le sérieux exigé et placez au frais 1h.

ꕥ Véritable Bière-au-beurre fraiche (sans alcool) ꕥ

C'était la chose la plus merveilleuse qu'il eût jamais bue et il sentit une douce chaleur l'envahir. PA-10

♦ **Préparation** : 5mn ♦

♦ **Ingrédients** (pour 4 personnes) ♦
60ml de sirop de Butterscotch (voir chapitre "Magasinage")
500ml de Cream soda (voir chapitre "Magasinage")
Crème fouettée selon votre désir

A l'aide d'un sort de Dégoulinage, versez le sirop de butterscotch dans les chopes puis le cream soda très frais.
Remuez doucement, surmontez d'une généreuse dose de crème fouettée et savourez..

Véritable Bièraubeurre tiède (sans alcool)

Grâce à Fred et George, le jus de citrouille et la Bièraubeurre coulent toujours à flots. ES-13

♦ **Préparation** : 5mn ♦ **Cuisson** : 5mn ♦

♦ **Ingrédients** (pour 4 personnes) ♦
60ml de sirop de Butterscotch (voir chapitre "Magasinage")
1/2l de lait
Crème fouettée (pas trop battue) selon votre goût

Faites tiédir le lait dans un chaudron modèle standard.
Versez-le dans les chopes puis ajoutez le sirop en mélangeant doucement à l'aide d'un sort de Touillage.
Ajoutez la crème fouettée selon votre goût et dégustez sans attendre.

Si les sorciers connaissent la Bièraubeurre depuis très longtemps, les non-magiciens l'ont découverte en 1855 en Grande-Bretagne avec l'invention d'un sirop nommé Butterscotch. Un jour, quelqu'un a eu l'idée de mélanger ce sirop a du soda a la vanille, et le résultat ressemblait tellement a de la vraie bière qu'on le surnomma Butter-beer ou Bière-au-beurre (le beurre venant d'une crème fouettée battue trop longtemps). Hermione

Mais comment tu sais tout a ? R*on

En demandant a Madame Rosmerta. Hermione

Banquet d'Halloween

Le jour d'Halloween, de délicieuses odeurs flottaient dans les couloirs de l'Ecole. ES-10

ꟾ Soupe de citrouille ꟾ

Terrifiés, les elfes de maisons firent tomber la soupe sur le sol de la cuisine. CS-12

♦ **Préparation** : 30mn ♦ **Cuisson** : 45mn ♦

♦ **Matériel** ♦
1 pied à soupe
1 cuiseur vapeur ou 1 chaudron taille standard

♦ **Ingrédients** (pour 4 personnes) ♦
1kg de courges du potager (potimarron, butternut, bleue de Hongrie...)
1 cube de bouillon de poulet
60gr de crème fraîche épaisse
Muscade
Sel, poivre

A l'aide d'un sort de Découpe, divisez la courge en gros morceaux et ôtez les pépins.

Si vous utilisez un chaudron, enfilez vos gants de protection et ôtez l'écorce avec précautions puis placez les morceaux de courge dans votre chaudron, couvrez d'eau, émiettez le cube de bouillon et laissez cuire 45mn jusqu'à ce que la courge soit tendre.

Si vous utilisez un cuiseur vapeur, émiettez le cube de bouillon dans le bol à eau puis placez les morceaux de courge dans le panier sans enlever l'écorce et laissez cuire environ 45mn jusqu'à ce que la chair soit tendre et que la pointe de votre baguette y pénètre aisément. Laissez refroidir quelques instants et enlevez l'écorce en tirant doucement dessus ou à l'aide d'un sort de Déshabillage.

Goûtez, ajoutez de la muscade rappée, du sel et du poivre à votre goût.
Mixez les morceaux de courge en ajoutant un peu de bouillon de cuisson jusqu'à obtenir un potage bien fluide, versez dans les bols, ajoutez la crème fraîche et servez bien chaud.

ꕥ Rôti de bœuf en croûte façon École des Sorciers ꕥ

A ce moment d'innombrables plats surgirent de nulle part, faisant crouler les tables sous les rôtis et les légumes. OP-II

♦ **Préparation** : 20mn ♦ **Cuisson** : 50mn ♦

♦ **Matériel** ♦
1 emporte-pièce de votre choix pour la décoration
(voir chapitre "Techniques pour non-magiciens")

♦ **Ingrédients** (pour 6 personnes) ♦
1 rôti de bœuf de 800gr-1kg
500gr de pâte feuilletée
100gr de champignons de la Forêt Interdite
75gr de pâté de foie
1 cuillère à soupe de persil frais
25gr de beurre
1 cuillère à soupe d'huile au goût neutre (tournesol...)
1 œuf battu (pour le glaçage)
Sel et poivre

Préchauffez votre four à 210°C (th. 7-8).
Dans une large poêle, faites fondre ensemble sur feu vif le beurre et l'huile puis déposez le rôti et faites le revenir 4mn sur chaque côté jusqu'à ce que toutes les faces soient d'un joli brun doré.
A l'aide d'un sort de Lévitation, transférez le rôti dans un plat et mettez au four pour 15mn.

Au bout de ce temps, sortez le rôti, enveloppez-le dans un papier aluminium et laissez-le refroidir au moins 20mn

Nettoyez les champignons après vous être assuré qu'aucun ne mordait, essuyez les à l'aide d'un linge humide (ou d'un sort de Débarbouilltout) puis épluchez-les et coupez-les en lamelles.
Faites-les ensuite revenir 5mn dans la poêle utilisée pour le rôti et parsemez de persil ciselé.

Conservez environ 100gr de pâte pour la décoration et étalez le reste en un rectangle suffisamment grand pour envelopper le rôti.
Déposez les champignons au milieu de la pâte et dans le sens de la longueur.
Posez ensuite le rôti sur les champignons et terminez en tartinant la viande avec le pâté de foie.
Rabattez la pâte pour enfermer le rôti en un baluchon élégant en veillant à ce que les bords soient en dessous.
Étalez le reste de la pâte, découpez dedans les formes de votre choix (citrouille, choixpeau, balai, étoile...) et déposez-les sur le dessus du baluchon en les collant avec un sort de Colletout ou un peu d'eau.

Badigeonnez d'œuf battu et enfournez 30mn jusqu'à ce que la pâte soit bien dorée et croustillante.

ꙮ Légumes d'Halloween ꙮ

♦ **Préparation** : 30mn ♦ **Cuisson** : 1h ♦

♦ **Ingrédients** (pour 6 personnes) ♦

1kg de pommes de terre
1kg de panais
1kg de courges du potager du Château
1kg d'oignons
1kg de carottes
2 cuillères à soupe d'huile
50gr de beurre
Sel et poivre

Dody pense qu'il est très bon de cuisiner ces légumes en quantité. Ils sont délicieux et s'il en reste (ce qui est rare), ils se congèlent très bien.

Préchauffez votre four à 180°C (th. 6-7).
Rincez et épluchez tous les légumes puis détaillez-les en gros dés à l'aide d'un sort de Découpetout. Ôtez l'écorce de la courge avec précautions puis enlevez les pépins avant de la couper elle aussi en morceaux.
Placez tous les légumes dans un plat allant au four, versez l'huile et mélangez bien de manière à en enrober les légumes.

Parsemez ensuite de noisettes de beurre et enfournez.
Au bout de 30mn, mélangez les légumes à l'aide d'un sort de Touilletout (ou d'une spatule en bois) et remettez à cuire.
A la fin de la cuisson, les légumes doivent être dorés et croustillants à l'extérieur et tendres à l'intérieur.
Salez, poivrez et servez bien chaud.

℘ Tarte à la citrouille ℘

Lorsque tous furent repus et que les dernières parts de tarte à la citrouille eurent été avalées , le directeur annonça qu'il était temps d'aller dormir. PA-5

♦ **Préparation** : 15mn + 30mn de repos ♦ **Cuisson** : 45mn ♦

♦ **Matériel** ♦
1 moule à tarte de 25cm

♦ **Ingrédients** (pour 6 personnes) ♦

Pour la pâte :
225gr de farine
100gr de beurre
1 pincée de sel
1 verre d'eau

Pour la garniture :
450gr de chair de courge déjà cuite (potimarron, butternut...)
OU 1kg de potiron
150gr de vergeoise blonde
3 œufs
250ml de lait
1/2 cuillère à café de poudre de cannelle
1/2 cuillère à café de gingembre moulu
1/2 cuillère à café de muscade râpée
1 pincée de sel

Si vous utilisez du potiron cru, ôtez l'écorce et les pépins avec précautions puis coupez-le en gros morceaux, placez-le dans une casserole, recouvrez d'eau et laissez cuire 45mn environ jusqu'à ce que la chair soit tendre.

Préchauffez votre four à 200°C (th.7-8).
A l'aide d'un sort de Neige-dru, tamisez la farine et le sel dans une jatte, ajoutez ensuite le beurre coupé en petits morceaux et mélangez du bout des doigts jusqu'à ce que l'ensemble devienne granuleux.
Ajoutez l'eau et mélangez encore afin que la pâte forme une boule souple.
Placez au frigo 10mn.
Étalez la pâte à l'aide d'un sort de Rapid' Rouleau, déposez-la avec précautions dans votre moule et replacez au frais 20mn.

Préparez la garniture en mélangeant la chair de potiron avec le sucre, la cannelle, le gingembre, la muscade et le sel.
Dans un autre bol, battez les œufs avec le lait puis ajoutez ce mélange au potiron et aux épices.
Mélangez bien en utilisant un sort de Touilletout, versez dans le moule à tarte et enfournez.
Au bout de 15mn, baissez la température du four à 180°C (th.6) et continuez la cuisson 30-40mn jusqu'à ce que votre baguette ressorte lisse lorsque vous la plongez dans la tarte.
Laissez refroidir autant que possible et régalez-vous.

J'ai lu quelque part que les courges bleues de Hongrie sont le résultat d'un sortilège expérimental pratiqué près de Durmstrang et qui avait tourné de manière très très très inattendue. Hermione

ANNIVERSAIRE DE MORT

- Qu'est-ce qu'un anniversaire de mort ? demanda Harry.

- L'anniversaire du jour de mon décès, répondit Nick avec fierté. **CHS-8**

En haut : yeux délicieux (p.53)
Au centre : biscuits R.I.P. (p.54)
En bas : croustillants d'orteils de trolls (p.50), nids de cafards (p.116)

ꕤ Croustillant d'orteils de trolls ꕤ

A l'autre bout du cachot, se dressait une longue table drapée de velours noir. Ils s'en approchèrent, l'air gourmand. CHS-8

♦ **Préparation** : 30mn ♦ **Cuisson** : 15mn ♦

♦ **Ingrédients** (pour 6 personnes) ♦
4-6 saucisses aux herbes (selon leur taille)
1 pâte feuilletée
20-25 amandes entières
2 cuillères à soupe de lait
2 gouttes de colorant alimentaire vert (jus d'épinard)
1 goutte de colorant alimentaire rouge (jus de betterave)
1 goutte de colorant alimentaire bleu (jus de myrtille)

Préchauffez votre four à 180°C(th.6-7).
A l'aide d'un sort de Tranchage, découpez les saucisses en morceaux de 5cm environ.
Étalez la pâte feuilletée, versez les couleurs et mélangez la pâte pour bien les répartir.
Si nécessaire, ajoutez encore du colorant en respectant les même proportions jusqu'à obtenir la couleur des orteils des trolls, c'est-à-dire absolument indéfinissable.

Placez un morceau de saucisse sur la pâte, prévoyez 2 cm de plus pour l'ongle de l'orteil et découpez un long rectangle de pâte.
Roulez ensuite la saucisse dans la pâte en plaçant les bords au-dessous.
Placez une amande entière à l'extrémité de l'orteil et pressez doucement pour former l'ongle (en saupoudrant de sucre, vous obtiendrez un ongle brillant).
A l'aide de votre baguette ou d'un petit couteau, pratiquez quelques légères incisions au milieu de l'orteil à l'endroit de l'articulation.
Badigeonnez de lait et enfournez 15-20mn.

ꟿ Ossements millésimés ꟿ

Harry regarda un fantôme grassouillet s'approcher du buffet et avancer la mâchoire grande ouverte. CHS-8

♦ **Préparation** : 10mn ♦ **Cuisson** : 1h ♦

♦ **Matériel** ♦
1 moule en forme d'ossements (voire chapitre "Magasinage")
OU voir chapitre "Techniques pour non-magiciens"

♦ **Ingrédients** (pour 6 personnes) ♦
500gr de viande blanche (dinde, poulet...)
200gr de pain
1/4l de lait
250gr de crème fraîche
4 œufs
200gr de crosnes du potager du château (hors saison, des germes de soja)

Préchauffez votre four à 180°C (th. 6-7).
A l'aide d'un Sort de Souffle de Dragon de niveau 1 (ou d'un grille-pain), faites légèrement toaster le pain jusqu'à ce qu'il soit très sec mais pas encore doré.
A l'aide d'un sort de Crabouille, mixez jusqu'à ce qu'elle soit réduite en purée.
.
Dans une terrine, mélangez la viande, le lait, la crème, les œufs et le pain.
Versez dans les moules et laissez cuire 1h environ jusqu'à ce que la pointe d'un couteau ou de votre baguette ressorte sèche après avoir été plongée au centre du cercueil.

Laissez refroidir et démoulez seulement ensuite.

Brossez et rincez les crosnes, puis faites-les cuire dans un chaudron d'eau bouillante jusqu'à ce qu'ils soient bien tendres.
Egouttez-les soigneusement et disposez-les sur le plat.
De la même manière, rincez et égouttez les germes de soja.

Si vous avez utilisé un moule à cake, taillez légèrement les côtés pour donner une forme de cercueil aux cakes.

Placez ensuite chaque cake sur un lit de crosnes ou de soja et dégustez funèbrement.

ℵ Yeux délicieux ℵ

♦ **Préparation** : 10mn ♦

♦ **Matériel** ♦
Autant de verre transparents qu'il y a de convives

♦ **Ingrédients** (pour 6 personnes) ♦
1 boîte de litchis dénoyautés
1 grappe de raisins noirs (hors saison, utilisez des pruneaux)
1l de jus de framboises

Égouttez les litchis à l'aide d'un sort de Passe-au-sec (ou d'une passoire) et récupérez le jus qui pourra vous être utile pour plus tard.
Rincez les raisins puis farcissez chaque litchi avec pour former la pupille de l'œil.
Déposez les yeux dans les verres et emplissez de jus de framboises.
Servez très frais.

∞ Biscuits R.I.P. ∞

Au centre du buffet, trônait un gâteau en forme de tombe. **CHS-8**

♦ **Préparation** : 10mn + 30mn de repos ♦ **Cuisson** : 10-15mn ♦

♦ **Matériel** ♦
1 emporte-pièce en forme de pierre tombale
(voir chapitres "Techniques pour non-magiciens")

♦ **Ingrédients** (pour 4 personnes) ♦
125gr de farine
60gr de sucre
60gr de beurre
1 œuf
1 cuillère à soupe d'extrait de vanille

Préchauffez votre four à 180°C (th. 6-7)
A l'aide d'un sort de Neige-Dru, tamisez la farine au dessus d'une terrine, ajoutez l'œuf (sans la coquille), le sucre, la vanille et mélangez.
Jetez un sort de Ramollissage de niveau 1 afin de rendre le beurre bien mou sans le faire fondre.
Mélangez le tout en utilisant un sort de Touilletout et malaxez jusqu'à obtenir une pâte bien lisse.
Roulez alors la pâte en boule, couvrez-la d'un film alimentaire et placez-la 30mn au frais.

Étalez la pâte sur une épaisseur de 3-5mm environ : utilisez au choix un rouleau ou un sort de Rapid' Rouleau.
Découpez les biscuits à l'aide de votre emporte-pièce et faites-les cuire 10-15mn environ jusqu'à ce qu'ils deviennent blonds mais pas encore dorés.

Sortez les biscuits du four, laissez refroidir et dégustez.

Noël à l'Ecole des Sorciers

Un alléchant parfum annonciateur des délicieux plats se répandait dans les couloirs et le jour avant Noël, il était devenu si irrésistible que même le rat de Ron sortit la tête de sa poche pour renifler avidement. PA-11

࿇ Sandwiches aux restes de dinde ࿇

Ils prirent ensuite du thé accompagné de sandwiches à la dinde, de gâteau à la confiture et de pudding de Noël. ES-12

♦ **Préparation** : 10mn ♦

♦ **Ingrédients** (pour 4 personnes) ♦
8 tranches de pain de mie aux céréales
500gr de dinde cuite et froide (dinde rôtie entière ou escalopes)
1 pot de chutney aux airelles (voir chapitre "Magasinage")
1 bouquet de feuilles d'épinards frais
100gr de noix

A l'aide d'un sort de Grille-vite, faites toaster les tranches de pain de mie.
Rincez les feuilles d'épinards, égouttez-les soigneusement puis ôtez les queues un peu dures si nécessaire.
Utilisez un sort de Brisetout et concassez les noix pour obtenir de gros morceaux.
Jetez-vous un sort de Protège-doigts et découpez la dinde en lamelles ou en dés selon la taille des morceaux désirés.

Divisez les ingrédients en quatre parts égales pour former les quatre sandwiches.
Tartinez le chutney sur les tranches de pain de mie (d'un seul côté).
Disposez ensuite sur la première tranche de pain une partie des morceaux de noix, la moitié des feuilles d'épinards, la dinde, puis l'autre moitié des épinards, le reste des noix et terminez en recouvrant avec la seconde tranche de pain grillé.
Pressez doucement pour caler le tout et dégustez avec un grand verre de jus de citrouille ou de thé de divination (p.76).

☙ Tartelettes de Noël ❧

♦ **Préparation** : 15mn + 30mn de repos ♦ Cuisson : 15-20mn ♦

♦ **Matériel** ♦
1 moule à tartelettes
1 emporte-pièce en forme d'étoile (ou voir chapitre "Techniques pour non-magiciens")

♦ **Ingrédients** (pour 24 petites tartelettes) ♦
1 pot de mincemeat (voir chapitre "Magasinage")
300gr de farine
30gr de poudre d'amandes
170gr de beurre
80gr de sucre
le zeste d'1 citron non traité au Pouss'vite ou Pas-de-bébêtes
1 œuf battu
3 cuillères à soupe de lait
2 cuillères à soupe de sucre glace (pour la décoration)

Dody sait que les élèves de l'école raffolent de ces tartelettes, c'est pourquoi il s'en fait toujours beaucoup à la fois. Elles se congèlent aussi très bien.

Tamisez la farine dans une terrine, ajoutez ensuite la poudre d'amande et le beurre coupé en petits morceaux puis mélangez du bout des doigts puis en frottant vos mains l'une contre l'autre.

Versez ensuite le sucre et les zestes de citron et continuez à mélanger avec vos mains ou un sort de Touilletout jusqu'à obtenir un mélange sableux.

Dans un bol à part, battez ensemble l'œuf et le lait puis ajoutez-les au mélange précédent et malaxez jusqu'à obtenir une pâte lisse et homogène.
Roulez la pâte en boule, couvrez-la d'un film alimentaire et placez-la 30mn au frais.

Préchauffez votre four à 200°C (th7-8).

Roulez la pâte sur une surface légèrement farinée et découpez 48 cercles à l'aide d'un sort de Périmétrie ou d'un verre (24 cercles pour le fond des tartelettes et 24 cercles pour leurs couvercles)
Placez 24 cercles dans les moules et déposez ensuite une cuillère à café de mincemeat par gâteau.
A l'aide de votre emporte-pièce, découpez la forme de votre choix dans les couvercles, faites-les un peu plus larges que les moules car la pâte va se rétracter à la cuisson.
Ajustez ensuite les couvercles, brossez-les légèrement d'un peu de lait et enfournez-les 15-20mn jusqu'à ce que les tartelettes soient d'une jolie couleur brun-doré (*il est tout à fait déconseillé de demander l'aide d'un dragon, même réputé apprivoisé).*

Saupoudrez de sucre glace et servez.

℘ Chaussettes d'Elfe ℘

Dody lui tendit son cadeau, des chaussettes qu'il avait faîtes lui-même. CS-23

♦ Préparation : 10mn + 30mn de repos ♦ Cuisson : 15mn ♦

♦ **Matériel** ♦
2 emportes-pièces en forme de chaussettes de deux pointures différentes
(voir chapitre "Techniques pour non-magiciens")
2 feuilles de papier cuisson

♦ **Ingrédients** (pour 25 sablés environ) ♦
1 pot de votre confiture favorite (ou de gelée d'oranges p.26)
250gr de farine
125gr de sucre
125gr de beurre ramolli
1 œuf
1 cuillère à café d'extrait de vanille
1 pincée de sel
Décoration selon votre inspiration : glaçage rouge vif avec des motifs en forme de balais, glaçage vert orné de vifs d'or...

Dans une terrine, mélangez le beurre et le sucre jusqu'à ce que l'ensemble devienne mousseux, puis ajoutez la vanille, la farine tamisée, la pincée de sel et le beurre.
Mélangez à l'aide d'un sort de Touilletout.
Roulez la pâte en boule à l'aide d'un sort de Hérisson, recouvrez-la d'un film alimentaire et placez-la au frais 30mn.

Préchauffez votre four à 180°C (th.6-7).
Étalez la pâte sur un plan de travail légèrement fariné sur une épaisseur de 2-3mm environ en utilisant un sort de Rapid' Rouleau.

A l'aide du premier emporte-pièce, découpez 50 chaussettes dans la pâte.
Placez 25 chaussettes sur une feuille de papier cuisson et mettez au four pour 10-15mn jusqu'à ce qu'elles soient d'un léger blond doré.
Enfilez vos gants en cuir de dragon, sortez les biscuits-chaussettes du four, faites glisser la feuille de papier cuisson sur une grille et laissez refroidir.

Pendant ce temps, à l'aide du deuxième emporte-pièce, découpez de petites chaussettes à l'intérieur des grandes (récupérez la pâte pour réaliser des biscuits supplémentaires).
Placez les chaussettes évidées sur la seconde feuille de papier cuisson et faites cuire au four de la même manière que les précédentes.

Une fois que les biscuits-chaussettes ont bien refroidi, décollez-les des feuilles de papier.
Disposez une cuillère de confiture sur les chaussettes entières et recouvrez par une chaussette évidée.
Décorez selon votre inspiration de points de glaçage, de sucre glace ou de petits sapins en sucre et dégustez en bonne compagnie.

ꟷ Pudding de Noël ꟷ

♦ **Préparation** : 20mn ♦ C**uisson** : 4h ♦

♦ **Matériel** ♦

1 moule à pudding
1 torchon à carreaux rouges (le pudding n'aura pas tout à fait le même goût si les carreaux sont d'une autre couleur)
Papier aluminium
Papier cuisson

♦ **Ingrédients** (pour 6 personnes) ♦

185gr de beurre
375gr de sucre en poudre
250gr de farine
3 œufs
20gr de beurre
1 cuillère à café de bicarbonate de soude
80gr de cerises confites coupées en morceaux
80gr d'abricots confits coupés en morceaux
80 d'ananas confits coupés en morceaux
60gr de dattes coupées en morceaux
60gr de raisins secs
60gr de zestes d'agrumes confits
80gr de noix hachées
Sucre glace pour la décoration

Dody prépare ce gâteau très longtemps à l'avance car il peut-être conservé au congélateur dans l'attente du bon moment.

Dans un bol, mélangez le beurre ramolli avec le sucre jusqu'à obtenir une consistance mousseuse puis ajoutez les œufs (sans les coquilles) en continuant à mélanger.
Dans une grande terrine, tamisez la farine et le bicarbonate.
A l'aide d'un sort de Lévitation, ajoutez ensuite les différents fruits confits ainsi que les noix hachées.
Mélangez encore.

Découpez une première feuille de papier cuisson, beurrez-la et placez-la au fond de votre moule.
Préparez ensuite deux grandes feuilles de papier aluminium et de papier cuisson que vous beurrerez aussi.
Posez la feuille de papier aluminium beurre sur le dessus, déposez ensuite sur le papier cuisson beurre toujours avec le beurre sur le dessus.

Versez votre pâte dans le moule, couvrez avec les deux feuilles en plaçant le papier cuisson beurré dessous. Le papier aluminium doit donc trouver sur le dessus.
Couvrez avec un linge propre que vous ferez tenir à l'aide d'un sort de Nouage ou d'une ficelle
Entourez le tout du torchon à carreaux rouges dont vous attacherez les extrémités ensemble afin de former les poignées qui vous serviront à déplacer le moule.

Placez une soucoupe renversée dans un chaudron, posez dessus le moule entouré du torchon et remplissez d'eau jusqu'à mi-hauteur.

Faites bouillir durant 4h en ajoutant régulièrement de l'eau très chaude pour ne pas stopper la cuisson.

Au bout des 4h, sortez le pudding du chaudron à l'aide d'un sort de Lévitation, attention, il sera très lourd, très chaud et de l'eau brûlante coulera du torchon, équipez-vous d'un tablier en écailles de niveau de protection maximales ou jetez un sort d'Etanchéité au plat.

Laissez refroidir, dénouez le torchon, coupez la ficelle, ôtez les feuilles de papier cuisson et retournez le pudding sur une assiette.

Tapez alors sur le fond du moule à trois reprises avec votre baguette magique en formulant un sort de Démoulage-Parfait et ôtez enfin le moule.

Saupoudrez de sucre glace et dégustez tiède avec un bon thé bien chaud.

Délices des Professeurs

Harry, tu n'aurais pas vu Trévor ? N.

Ce matin il dormait pres du portrait de la grosse dame. H.

Biscuits rochers du Demi-géant

Lorsque Harry et Ron entrèrent dans la cabane, il versait de l'eau dans la théière et plaçait ses biscuits maisons sur l'assiette. ES-8

♦ **Préparation** : 5mn ♦ **Cuisson** : 20mn ♦

♦ **Matériel** ♦
Plaque à pâtisserie (ou lèchefrite)
Papier cuisson

♦ **Ingrédients** (pour 4 personnes) ♦
100gr de farine
100gr de sucre
100gr de chocolat à cuire
100gr de noisettes entières
1 œuf

Préchauffez votre four à 180°C (th.6-7).
A l'aide d'un sort de Brisetout, concassez les noisettes et le chocolat en gros morceaux.
Dans une terrine, mélangez le sucre et l'œuf puis le chocolat et les noisettes.
Tamisez la farine à l'aide d'un sort de Neige-Dru et touillez puis touillez encore jusqu'à ce que le tout soit bien mélangé.
Déposez une feuille de papier cuisson sur la plaque à pâtisserie puis disposez dessus des noix de pâte en les espaçant bien (elles vont s'étaler à la cuisson).
Enfournez 20mn, pour des biscuits plus résistants laissez cuire 10mn de plus.

Biscuits rochers du Demi-géant (p.66)

ꕥ Le premier gâteau d'anniversaire ꕥ

Il tira de sa poche une boîte en carton un peu déformée. Harry, tout tremblant, l'ouvrit et vit un énorme gâteau au chocolat sur lequel était écrit " Joyeux anniversaire " **ES-4**

♦ **Préparation** : 20mn ♦ **Cuisson** : 45mn ♦

♦ **Matériel** ♦
1 moule à gâteaux (si possible rond)
1 petite poche à douille ou un cornet (voir chapitre "Techniques pour non-magiciens")

♦ **Ingrédients** (pour 6 personnes) ♦
6 œufs
180gr de beurre
180gr de sucre
100gr de farine
200gr de chocolat à cuire
1 pincée de sel

150gr de sucre glace
1 cuillère à soupe de jus de citron
Colorant alimentaire rouge (jus de betterave) et vert (jus d'épinards)

Préchauffez le four à 180°C (th.6-7).
Placez un grand chaudron empli d'eau sur le feu.
A l'aide d'un sort de Brisetout, concassez le chocolat en gros morceaux.

Coupez le beurre en dés.
Versez le chocolat et le beurre dans un petit chaudron que vous poserez sur le grand afin que la chaleur de l'eau fasse doucement fondre le beurre et le chocolat.
Mélangez régulièrement à l'aide d'un sort de Touilletout.

Brisez les œufs, réservez les jaunes et versez les blancs dans une terrine avec une pincée de sel.
Jetez un sort de Moussécume du niveau 2 ou utilisez un batteur électrique et battez les œufs en neige très ferme.
Les blancs sont prêts lorsque vous pouvez retourner le plat au-dessus de votre tête sans vous retrouver affublé d'un chapeau blanc et mousseux.

Dans une terrine, tamisez la farine (utilisez un sort de Neige-Dru de niveau 1), ajoutez le sucre, les jaunes d'œufs, puis le mélange beurre-chocolat et mélangez bien.

Ajoutez ensuite les blancs en neige petit à petit avec d'amples mouvements pour incorporer le plus d'air possible à votre pâte.

Versez dans votre moule et enfournez 45mn environ.
Le gâteau est cuit lorsque la pointe de votre baguette (ou de votre couteau) ressort sèche si elle est plongée au centre du gâteau.
Laissez refroidir et démoulez avec précautions ou un sort d'Extraction

Pendant ce temps, préparez le glaçage en diluant le sucre avec le jus de citron.
Prélevez 2-3 cuillères à soupe de glaçage que vous réservez dans un petit bol.
Versez quelques gouttes de jus de betterave et mélangez jusqu'à ce que le premier glaçage soit aussi rose que le dessous des pattes d'un Galopintapon de Suède.

Utilisez le jus d'épinards et procédez de même pour le second glaçage, vous devez obtenir une couleur vert "Mousse-poussant-du-côté-nord-de-la-cabane".

Combinez un sort de Lévitation avec un sortilège de Dégoulinade et recouvrez le gâteau (refroidi) avec le glaçage rose.
Lissez et laissez sécher quelques instants.

Emplissez votre cornet de glaçage vert et tracez de votre mieux
"*Joyeux Anniversaire*".
Pour un anniversaire inoubliable...

Tritons au gingembre du Pr Mc Gonagall

Elle s'assit à son bureau, et le regarda en fronçant les sourcils :

- Prenez un triton au gingembre. OP-12

♦ **Préparation** : 30mn ♦ **Cuisson** : 10-15mn ♦

♦ **Matériel** ♦

1 emporte-pièce en forme de triton

(voir chapitres "Magasinage" et "Techniques pour non-magiciens")

♦ **Ingrédients** (pour une trentaine de biscuits) ♦

180gr de farine

120gr de beurre mou

90gr de sucre

1/2 cuillère à café d'extrait de vanille

50gr de gingembre confit

1 cuillère à soupe de jus d'orange

Préchauffez votre four à 180°C (th.6-7).

Jetez un sortilège de Protège-doigts, puis à l'aide d'un sort de Découpetout (ou d'un couteau), coupez le gingembre en petits dés.

Dans une terrine, tamisez la farine, ajoutez ensuite le beurre, le sucre, la vanille et le jus d'orange, puis, lorsque le mélange est bien lisse, ajoutez les petits dés de gingembre.

Lancez un sort de Rapid' Rouleau et étalez la pâte, avant de découper des tritons à l'aide de l'emporte-pièce.

Placez alors une feuille de papier cuisson sur une plaque à pâtisserie, disposez les tritons au gingembre dessus et enfournez 10-15mn jusqu'à ce que les biscuits soient blonds et croustillants.

Laissez refroidir et conservez dans une boîte hermétique.

Régal du Professeur de Sortilèges

- Boule de glace avec ombrelle, soda et sirop de cerise ?

- Miam ! répondit le professeur . PA-10

♦ **Préparation** : 5mn ♦

♦ **Matériel** ♦

1 ombrelle en papier pour la décoration

♦ **Ingrédients** (pour 4 personnes) ♦

100gr de crème glacée à la vanille

1/2l de soda au cola

20ml de sirop de cerise

Cerises confites

Versez le sirop de cerise dans les verres et diluez-le à l'aide d'un sort de Dégoulinade. Formez une boule de crème glacée à la vanille par personnes et déposez-la avec précautions dans chaque verre.

Posez quelques cerises confites au-dessus des boules de glace, décorez avec une ombrelle et sans tarder.

℘ Mot de passe du Directeur ℘

- Sorbet citron.
A l'annonce du mot de passe, la gargouille pivota et laissa apparaître l'escalier en colimaçon . CHS-11

♦ **Préparation** : 10mn + repos 6h ♦

♦ **Matériel** ♦
1 moule à esquimaux (ou tout moule individuel de votre choix)

♦ **Ingrédients** (pour 6 esquimaux) ♦
500ml de jus de citron
500gr de sucre
500gr de crème fouettée
1/4l d'eau du Lac de l'Ecole

Versez le sucre dans une terrine et diluez-le avec l'eau et le jus de citron, mélangez bien. Ajoutez ensuite la crème fouettée et mélangez encore à l'aide d'un sort de Touilletout. Versez alors dans les moules et placez au congélateur durant toute une nuit.

ꕥ Bonbons au chocolat du Pr Lupin ꕥ

Indispensables en cas d'attaque ! PA-5

♦ **Préparation** : 10mn + 15mn de repos ♦

♦ **Ingrédients** (pour 6 personnes) ♦
200gr de chocolat à cuire
100gr de sucre glace
100gr de beurre
50gr de noisettes en poudre
1 œuf

Placez un grand chaudron empli d'eau sur feu doux.
A l'aide d'un sort de Brisetout, concassez le chocolat en gros morceaux.
Coupez le beurre en dés.
Versez le chocolat et le beurre dans un petit chaudron que vous poserez sur le grand afin que la chaleur de l'eau fasse doucement fondre le beurre et le chocolat.
Mélangez régulièrement à l'aide d'un sort de Touilletout.

Lorsque le mélange est fondu et tiède, versez-le dans une terrine et ajoutez le sucre, et l'œuf.
Mélangez puis laissez refroidir 15mn dans un endroit très frais afin de faire durcir la pâte.

Préparez deux plats : l'un pour la poudre de noisettes et l'autre destiné à recevoir les bonbons.

A l'aide d'une petite cuillère, prélevez un peu de pâte et formez des boulettes grosses comme des petites noix.

Roulez-les dans la poudre de noisettes et déposez dans le second plat.

Ces bonbons se conservent trois jours au réfrigérateur (sorte de glacière utilisée par les non-magiciens et fonctionnant à l'électricité).

Thé de divination du Pr Trelawney

Buvez votre thé jusqu'à ce qu'il ne reste que les feuilles dans la tasse, faites tourner trois fois et tendez la tasse à votre voisin pour qu'il la lise." PA-6

♦ **Préparation** : 5mn ♦ **Cuisson** : 5mn ♦
♦ **Ingrédients** (pour 4 personnes) ♦
1/2l d'eau de Fontaine recueillie au chant des hulottes
Ingrédients suivants : voir chapitre "Magasinage"
1 pincée de feuilles de citronnelle ramassée au bourdonnement des insectes
1 cuillère à soupe de feuilles d'églantier coupées au premier rayon de l'aube
1 cuillère à soupe de fleurs de sureau récoltées au solstice d'été
1 pincée d'écorces d'oranges confites à la lumière de la lune
2 cuillères à café de sucre

Faites bouillir l'eau de Fontaine dans un chaudron modèle standard.
Quatre minutes après l'apparition des premières bulles, enlevez le chaudron du feu et jetez dedans les ingrédients dans l'ordre suivant : feuilles de citronnelle, d'églantier, fleurs de sureau et écorces d'orange confites.
Mélangez à l'aide d'un sort de Touilletout et laissez infuser 10mn.
Versez dans les tasses et sucrez selon votre goût.

Buvez votre thé, puis, en tenant votre tasse de la main gauche, faites tourner trois fois les fleurs, feuilles et écorces dans le sens inverse des aiguilles d'une montre.
Ouvrez alors votre troisième œil ainsi que votre manuel de divination et tentez alors de pénétrer les voiles de l'avenir .

Les potions peuvent se préparer à l'avance, mais il faut alors les conserver au frais. Prince

LE MAÎTRE DES POTIONS

Je pourrais vous enseigner à mettre la victoire en flacon, à exsuder le succès et même à cloîtrer la mort dans une bouteille si vous étiez autre chose qu'un ramassis de nigauds.

ES-8

ꟾ Bézoards ꟾ

<u>Effet :</u>

Sert d'antidote à la plupart des potions. PSM-18

♦ **Préparation** : 10mn ♦ **Cuisson** : 20mn ♦

♦ **Matériel** ♦

1 moule rectangulaire de 28x18cm environ
Papier cuisson
1 pinceau mouillé
Gants de protection

♦ **Ingrédients** (pour 15 pierres) ♦

Ingrédients pour Sorciers

Poudre d'Ecaille de Sirène
Humeur de Dragon
Rayon de Pleine lune
Eau de Fontaine aux fées
Poudre de bicorne

Ingrédients pour Non-magiciens

180gr de sucre
3 cuillères à soupe de mélasse (voir chapitre "Magasinage")
2 cuillères à café de miel
60ml d'eau
1 cuillère à café de bicarbonate de soude

Réunissez la poudre d'écailles de sirène (sucre), l'humeur de dragon (mélasse), le rayon de lune (miel) et l'eau dans un chaudron modèle large et ample posé sur un feu doux. Remuez SANS FAIRE BOUILLIR jusqu'à ce que la poudre d'écaille de sirène (sucre) soit totalement dissoute.

Humidifiez votre pinceau à l'aide d'un sort de Pluiemouillée et passez-le ensuite le long des parois de votre chaudron afin de d'en décoller les cristaux qui pourraient s'y être formés, puis portez le mélange à ébullition.
Lorsque des bulles apparaissent, laissez mijoter 7mn sans remuer jusqu'à ce que le mélange prenne une couleur caramel blond.
Enfilez vos gants de protection et retirez le chaudron du feu.
Versez la poudre de bicorne (bicarbonate) et remuez jusqu'à ce que la préparation se mette à bouillonner et double de volume.

Disposez le papier cuisson dans le fond du moule, versez le mélange avec précautions et laissez reposer 1h30 jusqu'à ce que la préparation soit durcie.
Démoulez et découpez en morceaux.

Les bézoards sont plus efficaces quand leau de Fontaine-aux-Fées est récoltée à laube du solstice dété, le rayon de pleine lune à minuit, lhumeur de dragon sous un chêne au moins centenaire, lécaille de sirène est donnée et non conquise et la poudre de bicorne écrasée en sifflotant. PSM

Au premier rang : bézoards (p.78), philtre d'amour (p.91), poly-nectar (p.88), pimentinette (p.84), potion de chance (p.90), potion de non-loup (p.85), élixir de longue-vie (p.82)
A l'arrière : potion de vieillissement (p.86), élixir d'euphorie (p.87), élixir de vérité (p.92)

PROCLAMATION.

DÉCRET D'ÉDUCATION

N° 15-18

LE MINISTÈRE RAPPELLE À TOUS ET A TOUTES QUE :

LES POTIONS ET ANTIDOTES DOIVENT-ÊTRE CONSERVÉS AU FRAIS ET UTILISÉS DANS LES HEURES SUIVANT LEUR PRÉPARATION.

SEULS LES ANTIDOTES COMPOSES PAR LES SORCIERS ET SORCIÈRES DE GRANDES EXPÉRIENCE SONT ENTIÈREMENT FIABLES.

EN CAS DE PROBLÈME,
APPELEZ LES SECOURS !

∞ Elixir de Longue vie ∞

<u>Effets :</u>

Permet une vie éternelle aussi longtemps que l'on en boit. ES-13

<u>Effets secondaires :</u>

Indifférence aux événements.

♦ **Préparation** : 20mn + 15mn de repos ♦

♦ **Matériel** ♦

1 pipette (voir chapitre "Techniques pour non-magiciens")
1 écumoire
1 passoire

♦ **Ingrédients** (pour 1 flacon de 1/2l) ♦

Ingrédients pour Sorciers

Jus d' d'Ubull
Feuilles d'Herbe de Vénus
1 branche d'Ache des Marais
Graines d'Ombelle de Bacchus
Eau de Fontaine de Jouvence
Extrait de Pierre Philosophale

Ingrédients pour Non-magiciens

30cl de jus de pomme
1 cuillère à soupe de feuilles de verveine
1 branche de céleri
1 cuillère de granulés de fenouil (voir chapitre "Magasinage")
20cl d'eau
1 verre d'huile au goût neutre
2 cuillères de feuilles de basilic frais
2gr d'agar-agar
20cl d'eau

Versez l'huile dans un pot à large col, vous le placerez ensuite au frais.
Portez l'eau et l'agar-agar à ébullition dans un petit chaudron.
Dès l'apparition des premières bulles, retirez du feu et ajoutez les feuilles de basilic.
Laissez infuser 15mn puis ôtez les feuilles de basilic.
A l'aide de votre pipette, prélevez le jus de basilic et laissez tombez des gouttes une à une dans le bol d'huile froide.
Recueillez les billes à l'aide d'un sort de Lévitation (ou d'une écumoire) et rincez-les avec précautions dans la passoire.

Versez l'Eau de la Fontaine de Jouvence dans un chaudron modèle standard que vous placerez sur feu moyen.
Pendant que l'eau chauffe, rincez la branche d'Ache des Marais (céleri) et coupez-la en morceaux de taille identique ou à peu près.
Comptez autant de feuilles d'Herbe de Vénus (verveine) qu'il y a de jours dans votre mois d'anniversaire.
Ajoutez les tronçons d'Ache des Marais (céleri), les feuilles d'Herbe de Vénus (verveine) et les graines d'Ombelle de Bacchus (fenouil) et laissez infuser 15mn environ sans laissez bouillir en touillant dans le sens de la course du soleil.
Laissez ensuite refroidir totalement et ajoutez l'extrait de Pierre Philosophale ou les Sphères d'Eternité.

A boire dès que le besoin s'en fait sentir.

L'extrait de Pierre Philosophale peut tre remplacé par la préparation précédente nommée "Sphères d'Eternité". PSM

ꝏ Pimentinette ꝏ

Effets :

Soigne rhumes et refroidissements. CS-8

Effets secondaires :

Peut faire fumer les oreilles pendant un certain temps.

♦ **Préparation** : 20mn + 15mn de repos ♦

♦ **Ingrédients** (pour 1 flacon de 1/2l) ♦

Ingrédients pour Sorciers	**Ingrédients pour Non-magiciens**
Jus de Pierres de Dragon	25cl de jus de cassis
Jus de Baie de Ridouble	25cl de jus de raisin
Gousse d'Elletaria	1 gousse de cardamome
Racine à Huit pointes	1 étoile de badiane (anis étoilé)
Racine d'Amada Jaune	1 pincée de poudre de gingembre
Écorce de Salagama	1 bâton de cannelle
Pépin de Pomme d'Ambre	1 clou de girofle
Poudre de Tricorne Barbichu	2 cuillères à soupe de cassonade

Pressez les Pierres de Dragon jusqu'à ce qu'elle aient rendu tout leur jus.
Écrasez la gousse d'Elletaria (cardamome), réduisez la racine d'Amada Jaune (gingembre) en poudre et tamisez la poudre de Tricorne Barbichu (cassonade) afin de la rendre plus aérienne.
Placez un petit chaudron sur feu doux dans lequel vous verserez le jus de Pierres de Dragon (cassis), puis celui de baies de Ridouble (raisin).
Ajoutez la suite des ingrédients dans cet ordre : poudre de Tricorne Barbichu (cassonade), Amada Jaune (gingembre), gousse d'Elletaria (cardamome), racine à Huit pointes (badiane ou anis étoilé), écorce de Salamage et pépin de Pomme d'ambre.
Mélangez jusqu'à ce que la poudre de Tricorne Barbichu (cassonade) soit fondue.
Laissez mijoter 15mn à feu très doux, retirez du feu, laissez infuser encore 15mn puis filtrez.
A consommer dès que nécessaire.

Préparer les ingrédients avant de les mélanger permet de réduire le temps de préparation de la potion. PSM

ꟼ Potion de Non-loup ☙

Effets :

Empêche les égarements liés à la transformation des humains en loup-garou. PA-18

Effets secondaires :

Goût accentué pour les promenades au grand air.

♦ **Préparation** : 11mn ♦

♦ **Ingrédients** (pour 1 flacon de 1/2l) ♦

Ingrédients pour Sorciers
Lait de Licorne
Poudre de Massepinette
Feuilles d'Arthemisia
Rayon de Pleine Lune

Ingrédients pour Non-magiciens
50cl de lait
30gr de poudre d'amandes
1 cuillère de feuilles de camomille
80gr de miel

Versez le lait de Licorne dans un chaudron modèle standard sur feu doux.
A l'aide d'un sort de Crabouilletout, réduire les Massepinettes (amandes) en poudre.
Lorsque le lait est tiède, ajouter les feuilles d'Arthemisia (camomille), puis la poudre de Massepinette et le rayon de Pleine Lune.
Faites infuser 10mn en mélangeant régulièrement trois fois dans le sens des aiguilles d'une montre, deux fois en sens inverse, quatre fois dans le sens opposé et une fois à sens contraire (cette étape est essentielle) puis ôtez les feuilles d'arthemisia.

A consommer une semaine avant la pleine lune.

A préparer au lever du soleil le premier jour du nouveau cycle de la lune. PSM

Potion de Vieillissement

Effets :

Donne l'apparence d'un vieillissement physique plus ou moins important selon la quantité absorbée. CF-16

Effets secondaires :

Poussée d'une barbe pouvant atteindre quatre mètres de long.

♦ **Préparation** : 10mn ♦

♦ **Ingrédients** (pour 1 flacon de 1/2l) ♦

Ingrédients pour Sorciers	Ingrédients pour Non-magiciens
Feuilles de Vélania	20cl de thé au jasmin
Concentration de Sitronensis	5cl de sirop d'orange
Jus de Sysimbre	15cl de limonade
Extrait de Rutacé	1 jus de citron
Bulbilles cornues	Ananas en cubes

Faites infuser les feuilles de Vélania (thé au jasmin) dans un petit chaudron puis filtrez et recueillez la décoction. Faites rouler le Rutacé (citron) sous votre paume à six reprises et coupez-le en deux afin d'en recueillir le jus. A l'aide d'un sort de Découpetout, divisez les Bulbilles cornues (ananas) en petits cubes.

Mélangez les ingrédients dans l'ordre de l'alphabet runique et conservez au frais.

Rutacé (citron), vélania (thé au jasmin), sitronensis (orange), sysimbre (limonade), bulbilles cornues (ananas). PS91

Elixir d'Euphorie

Effets :

Met d'excellente humeur. PSM-22

Effets secondaires :

Forte tendance à chanter et à éclater de rire pour n'importe quelle raison (dans ce cas, donner de la menthe à la personne concernée).

♦ **Préparation** : 10mn ♦

♦ **Ingrédients** (pour 1 flacon de 1/2l) ♦

Ingrédients pour Sorciers

Bulbilles cornues
Dilution de Sitronensis
Lait de Yéti
Jus de Rutacé
Écorce de Salagama

Ingrédients pour Non-magiciens

30cl de jus d'ananas
10cl de jus d'oranges
15cl de lait de coco
1 jus de citron
1 pincée de poudre de cannelle

Dans un chaudron modèle standard, verser simultanément et à la même vitesse le jus de bulbilles cornues (ananas) et le lait de yéti (lait de coco).
Mélanger durant 3mn 33s à l'aide d'un sort de Touilletout.
Ajouter ensuite de la même manière la dilution de sitronensis (orange) et le jus de rutacée (citron).
Mélangez encore durant 3mn 33s.
Saupoudrez de poudre d'écorce de salamaga (cannelle) et mélangez une dernière fois en clignant des yeux à trois reprises.

Mélanger les ingrédients du plus épais au plus léger augmente la durée de la potion. PSM

Poly-nectars

Effets :

Donne l'apparence d'une autre personne. CS-10
(Attention : ne fonctionne que sur les humains)

Effets secondaires :

Légère confusion due au changement de corps

♦ **Préparation** : 15mn ♦

♦ **Ingrédients** (pour 1 flacon de 1/2l) ♦

Ingrédients pour Sorciers
Chou farceur de Brassica
Bouillie d'Ubull
Lait de Licorne
Bulbes de Rutacé
Poudre de bicorne
Eau de fontaine-aux-fées
Extrait de la personne concernée

Ingrédients pour Non-magiciens
1/2 chou rouge
20cl de compote de pommes
20cl de lait
2cl de jus de citron
1 pincée de bicarbonate de soude
Eau de source
Extrait d'âme de la personne concernée

Cueillez un chou farceur de Brassica à pleine maturité (prenez garde à ne pas vous laisser chatouiller par ses feuilles, sous peine de ne pouvoir cesser de rire durant une journée et une nuit entières).

Coupez le chou en quartiers, détachez les feuilles et plongez le tout dans un chaudron d'eau.

Faites chauffer l'eau sans la laisser bouillir et laissez infuser 15mn.
Au bout de ce temps, filtrez, recueillez le jus et observez sa magnifique couleur.

Récoltez le jus de rutacée (citron), l'eau de fontaine-aux-fées et moulez le bicorne (bicarbonate de soude) jusqu'à obtenir une poudre très fine.
Le lait de licorne doit être donné de plein gré.

Les ingrédients varient en fonction de la personne dont on désire prendre l'apparence.
Pour une contrefaire personne plus jeune que vous, ajoutez de l'eau de fontaine-aux-fées (eau).
Pour une personne du même âge que le vôtre, versez du lait de licorne (lait).
Pour une personne plus vieille, complétez avec le jus de rutacée (citron).
Pour un(e) personne hybride (mi-géant, gobelin ou autre), ajoutez la poudre de bicorne (bicarbonate), attention, sans présenter de danger particulier, le goût est tout de même très particulier.

Mélangez alors la bouillie d'ubull (pomme), le texture de votre potion devient boueuse, versez alors l'extrait de la personne dont vous souhaitez prendre l'apparence ainsi qu'un un peu d'eau si besoin et buvez.

Selon les ingrédients, la potion de départ (violette) devient bleue, lilas, rouge ou turquoise. PSM

✍ Potion de Chance ✍

Effets :
Couronne de succès toutes les actions entreprises pendant la durée d'action de la potion.
PSM-9

Effets secondaires :
Excès de confiance en soi.

♦ **Préparation** : 10mn ♦

♦ **Ingrédients** (pour 1 flacon de 1/2l) ♦

Ingrédients pour Sorciers	Ingrédients pour Non-magiciens
Jus d'Ubull	40cl de jus de pomme
Rayon de Pleine Lune	1 cuillère à soupe miel blond
Jus de Rutacé	1 jus de citron
Écorce de Salamaga	1 bâton de cannelle
Branche de Faribola Musquée	1 petite branche de thym

Faites chauffer doucement le jus d'ubull (pommes) à feu très doux dans un chaudron modèle standard.
Effeuillez la branche de faribola musquée(thym) et saupoudrez les feuilles de la main gauche.
Ajoutez ensuite l'écorce de salamaga (cannelle), le jus de rutacée (citron) et le rayon de pleine lune (miel).
Mélangez en formant des mouvements en "huit" avec votre baguette jusqu'à ce que le rayon de pleine lune (miel) soit parfaitement fondu.
Laissez mijoter encore 5mn puis filtrez.
Votre potion doit être d'une lumineuse couleur dorée.

Le résultat varie en fonction de la détermination du sorcier ou de la sorcière : plus on croit en soi, plus la potion sera efficace. PSM

ꟹ Philtre d'Amour ꟹ

Effets :

Donne l'illusion de l'amour vrai à celui ou celle qui la boit sans toutefois le créer. PSM-18

Effets secondaires :

Obsession pour le sujet concerné.

Note :

Le parfum de la potion est différent pour chacun en fonction de ce qui l'attire le plus.

♦ **Préparation** : 10mn ♦

♦ **Ingrédients** (pour 1 flacon de 1/2l) ♦

Ingrédients pour Sorciers
Extrait de Baiser-de-Vénus
Bulbes de Rire-de-Cupidon
Jus de Sysimbre

Ingrédients pour Non-magiciens
10cl de sirop de framboises
20cl de jus de litchis
30cl de limonade

Le jour dédié à Vénus et idéalement un 14 février, extrayez le jus de rire-de-cupidon (litchis).

Tenez votre baguette magique de la main allant à votre cœur et préparez la potion en récitant un poème d'amour, une ode de votre composition ou une chanson romantique.

Versez l'extrait de baiser-de-vénus (framboises) dans un petit chaudron, diluez doucement avec le jus de rire-de-cupidon, ajoutez enfin le jus de sysimbre (limonade).

Votre potion prend alors une couleur nacrée d'où de petites bulles s'élèvent en une gracieuse spirale.

Jour de Vénus : vendredi.
Si l'on ne sait pas chanter juste, siffloter fonctionne aussi. PSM

᠅ Elixir de Vérité ᠅

Effets :

Contraint la personne qui prend l'élixir à révéler tous ses secrets. CS-27

Effets secondaires :

Franchise excessive jusqu'à dissipation totale de la potion.

♦ **Préparation** : 21mn + 30mn de repos ♦

♦ **Ingrédients** (pour 1 flacon de 1/2l) ♦

Ingrédients pour Sorciers	**Ingrédients pour Non-magiciens**
Eau du Loch Ness	40ml d'eau de source
Jus de Rutacé	1 jus de citron
Baies de Mara elegancia	3 fraises
Feuilles de Sinople	1 bouquet de feuilles de menthe fraîche

Préférez les feuilles de sinople très pures en les récoltant près du couchage favori d'une licorne.

Après l'avoir filtrée, faites chauffer l'eau du Loch Ness durant 5mn 55s.

Pendant ce temps, extrayez le jus de rutacée (citron) et coupez les baies de marra elegancia (fraises) en quartiers. Plongez les morceaux de baies (fraises) et les feuilles de sinople froissées (menthe) dans le chaudron, tournez trois fois dans le sens des aiguilles d'une montre, ajoutez le jus de rutacée.

Laissez infuser 15mn puis mettez au frais 30mn et filtrez.

La potion doit être incolore, inodore et avoir un goût totalement irrésistible.

Quelques sorciers de très haut niveau sont capable de neutraliser les effets de cette potion en bloquant l'accès à leurs pensées, mais cela reste exceptionnel. PS-91

Véritable Bière-au-beurre tiède (p.40)

Dans le Bus magique

ഋ La spécialité de Stan ഗ

Stan apporta sa tasse de chocolat à Harry mais la renversa lorsque le bus passa brusquement du Pays de Galles à l'Écosse. PA-3

♦ **Préparation et Cuisson** : 20mn ♦

♦ **Ingrédients** (pour 4 personnes) ♦

1l de lait
150gr de chocolat noir
4 cuillères à soupe de sucre
1 gousse de vanille
1 bâton de cannelle
1/2 cuillère à café de gingembre en poudre

Verser le lait dans un chaudron adapté aux voyages dans le Bus magique.
Faire chauffer à feu très doux pour éviter que le lait ne s'échappe.
(et que le sifflement produit alors ne terrifie les passagers)
A l'aide d'un sort de Brisetout, casser le chocolat en morceaux et les ajouter au lait.
Laisser fondre en remuant doucement pour ne pas trop éclabousser le plancher du bus.
Fendre la gousse de vanille dans le sens de la longueur.
(le sortilège de Creusedru est une mauvaise idée, s'il y a un cahot du bus ça fait des trous aux rideaux)
Gratter les gousses afin d'en recueillir les grains, puis verser le tout dans le chaudron.
Lorsque le chocolat est fondu, ajouter le sucre, la cannelle et le gingembre, laisser mijoter 10mn en remuant doucement.
Enlever les gousses de vanille ainsi que le bâton de cannelle et verser dans des tasses.
(ne pas utiliser le sortilège de Lévitation lorsque le bus freine, le chauffeur ne s'est pas encore remis de la dernière fois...).*

Chez Florian

Sorcier Glacier depuis 1668

ꕥ Coupe de la Maison du Lion ꕥ

Vous serez avec les les plus forts. **ES-7**

♦ **Préparation et cuisson** : 10mn ♦

♦ **Matériel** ♦
1 poche à douille (voir "Techniques pour non-magiciens")
1 feuille de papier cuisson

♦ **Ingrédients** (pour 4 personnes) ♦
100gr de glace à l'abricot
100gr de glace à la fraise
60gr de noisettes en morceaux
1 cuillère à soupe de sucre

Sortez les crèmes glacées.
Versez les noisettes dans une poêle sur feu vif avec le sucre.
Utilisez un sortilège de Souffle de Dragon ou laissez caraméliser quelques instants en mélangeant sans cesse jusqu'à ce que les noisettes soient dorées.
Placez la feuille de cuisson de manière verticale à l'intérieur de la poche à douille afin de former deux compartiments. Versez la première crème glacée dans l'une des alvéoles puis la seconde dans l'autre.
Ôtez la feuille de papier et pressez doucement la poche à douille au-dessus de vos coupes de manière à former de jolies spirales colorées.
Parsemez de noisettes caramélisées et dégustez sans attendre.

℘ Coupe de la Maison du Blaireau ℘

Ils aiment travailler et leur patience est légendaire. **ES-7**

♦ **Préparation** : 5mn ♦

♦ **Matériel** ♦
1 poche à douille (voir "Techniques pour non-magiciens")
1 feuille de papier cuisson

♦ **Ingrédients** (pour 4 personnes) ♦
100gr de glace à la poire
100gr de glace au chocolat
60gr de praliné en grains

Sortez les crèmes glacées.
Placez la feuille de cuisson de manière verticale à l'intérieur de la poche à douille afin de former deux compartiments.
Versez la première crème glacée dans l'une des alvéoles puis la seconde dans l'autre.
Ôtez la feuille de papier et pressez doucement la poche à douille au-dessus de vos coupes de manière à former de jolies spirales colorées.
A l'aide d'un sort de Sème-partout, répartissez les grains de praliné et dégustez aussitôt.

ꟿ Coupe de la Maison de l'Aigle ꟿ

Intelligents, ils ont envie de tout connaître. ES-7

♦ **Préparation et cuisson** : 10mn ♦

♦ **Matériel** ♦
1 poche à douille (voir "Techniques pour non-magiciens")
1 feuille de papier cuisson

♦ **Ingrédients** (pour 4 personnes) ♦
100gr de glace à la mure
100gr de glace à la vanille
60gr de guimauve

Sortez les crèmes glacées.
Découpez la guimauve en petits dés de 1cm environ.
Placez la feuille de cuisson de manière verticale à l'intérieur de la poche à douille afin de former deux compartiments.
Versez la première crème glacée dans l'une des alvéoles puis la seconde dans l'autre.
Ôtez la feuille de papier et pressez doucement la poche à douille au-dessus de vos coupes de manière à former de jolies spirales colorées.
Parsemez de dés de guimauve et dégustez promptement.

ꟹ Coupe de la Maison du Serpent ꟹ

De vrais roublards ! ES-7

♦ **Préparation** : 5mn ♦

♦ **Matériel** ♦
1 poche à douille (voir "Techniques pour non-magiciens")
1 feuille de papier cuisson

♦ **Ingrédients** (pour 4 personnes) ♦
100gr de glace à la menthe
100gr de glace au chocolat blanc
60gr de mini meringues

Sortez les crèmes glacées.
Placez la feuille de cuisson de manière verticale à l'intérieur de la poche à douille afin de former deux compartiments.
Versez la première crème glacée dans l'une des alvéoles puis la seconde dans l'autre.
Ôtez la feuille de papier en pratiquant un sortilège de Lévitation et pressez doucement la poche à douille au-dessus de vos coupes de manière à former de jolies spirales colorées.
Parsemez de mini meringues et dégustez sur l'instant.

ঌ "Spéciale Florian" ও

Vous ne pourrez plus vous en passer !

♦ **Préparation** : 10mn ♦

♦ **Matériel** ♦
1 poche à douille (voir "Techniques pour non-magiciens")
1 feuille de papier cuisson

♦ **Ingrédients** (pour 4 personnes) ♦
100gr de glace à la fraise
100gr de glace au chocolat au lait
60gr de beurre de cacahuètes ramolli

Sortez les crèmes glacées.
Placez la feuille de cuisson de manière verticale à l'intérieur de la poche à douille afin de former deux compartiments.
A l'aide d'un sort de Coulure, versez la première crème glacée dans l'une des alvéoles puis la seconde dans l'autre.
Ôtez la feuille de papier et pressez doucement la poche à douille au-dessus de vos coupes de manière à former de jolies spirales colorées.
Faites couler une généreuse mesure de beurre de cacahuètes ramolli sur le dessus de chaque coupe et dégustez bientôt.

ꕤ Tempérament de Centaure ꕤ

Puissant et Mystérieux

♦ **Préparation et cuisson** : 10mn ♦

♦ **Matériel** ♦
1 poche à douille (voir "Techniques pour non-magiciens")
1 feuille de papier cuisson

♦ **Ingrédients** (pour 4 personnes) ♦
100gr de glace au chocolat noir
100gr de glace au chocolat au lait
60gr de noix de pécan
1 cuillère à soupe de sucre

Sortez les crèmes glacées et hachez les noix en gros morceaux.
Versez les noix dans une poêle sur feu vif avec le sucre.
Laissez caraméliser quelques instants en mélangeant sans cesse jusqu'à ce que les noix soient légèrement brunes.
Placez la feuille de cuisson de manière verticale à l'intérieur de la poche à douille afin de former deux compartiments.
Versez la première crème glacée dans l'une des alvéoles puis la seconde dans l'autre.
Ôtez la feuille de papier et formez de jolies spirales à l'aide d'un sort d'Entortillement (ou en pressant doucement la poche entre vos mains).
Parsemez de noix caramélisées et dégustez sur le champ.

℘ Baiser de Fée ℘

Saurez-vous y résister ?

♦ **Préparation** : 5mn ♦

♦ **Matériel** ♦
1 poche à douille (voir "Techniques pour non-magiciens")
1 feuille de papier cuisson

♦ **Ingrédients** (pour 4 personnes) ♦
100gr de glace aux fruits de la passion
100gr de glace au chocolat au lait
60gr de biscuits roses

Sortez les crèmes glacées.
Pratiquez un sortilège de Crabouilletout afin de réduire les biscuits en morceaux.
Placez la feuille de cuisson de manière verticale à l'intérieur de la poche à douille afin de former deux compartiments.
Versez la première crème glacée dans l'une des alvéoles puis la seconde dans l'autre.
Ôtez la feuille de papier en pratiquant un sortilège de Lévitation et pressez doucement la poche à douille au-dessus de vos coupes de manière à former de jolies spirales colorées.
Parsemez de morceaux de biscuits roses et dégustez sitôt.

☙ Humour de Gobelin ❧

Un secret bien gardé !

♦ **Préparation et cuisson** : 5mn ♦

♦ **Matériel** ♦
1 poche à douille (voir "Techniques pour non-magiciens")
1 feuille de papier cuisson

♦ **Ingrédients** (pour 4 personnes) ♦
100gr de glace praliné
100gr de glace aux fruits des bois
60gr de pistaches non salées

Sortez les crèmes glacées.
Utilisant un sort de Brise-vite, concassez les pistaches en morceaux.
Placez la feuille de cuisson de manière verticale à l'intérieur de la poche à douille afin de former deux compartiments.
Versez la première crème glacée dans l'une des alvéoles puis la seconde dans l'autre.
Ôtez la feuille de papier et pressez doucement la poche à douille au-dessus de vos coupes de manière à former de jolies spirales colorées.
Parsemez de morceaux de pistache et dégustez bientôt.

ꟾ Coin de Cheminette ꟾ

Une gourmandise qui vous fera voyager !

♦ **Préparation et cuisson** : 10mn ♦

♦ **Matériel** ♦
1 poche à douille (voir "Techniques pour non-magiciens")
1 feuille de papier cuisson

♦ **Ingrédients** (pour 4 personnes) ♦
100gr de glace au café
100gr de glace toffee (caramel)
60gr d'amandes effilées
1 cuillère à soupe de sucre

Sortez les crèmes glacées.
Versez les amandes dans une poêle sur feu vif avec le sucre.
Laissez caraméliser en mélangeant sans cesse jusqu'à ce que les amandes soient dorées.
Placez la feuille de cuisson de manière verticale à l'intérieur de la poche à douille afin de former deux compartiments ou utilisez un sort de Répartitout.
Versez la première crème glacée dans l'une des alvéoles puis la seconde dans l'autre.
Ôtez la feuille de papier et pressez doucement la poche à douille au-dessus de vos coupes de manière à former de jolies spirales colorées.
Parsemez d'amandes caramélisées et dégustez sans perdre de temps.

Confiseries

Partout les étagères débordaient de friandises aux couleurs étincelantes. PA-10

Je me demande quelle confiserie le Directeur choisira pour être son prochain mot de passe. Hermione

En haut : gommes de limace (p.119), grenouilles au chocolat (p.108), cubes coco (p.115). En bas: caramels collaudents (p.117), fondants du chaudron (p.110), pâtes-à-citrouille (p.109), dragées surprises (p.112), chocoballes (p.118), baguettes magiques comestibles (p.113)

ꕥ Grenouilles au chocolat ꕥ

♦ **Préparation** : 20mn + repos : 2h et 2x30mn ♦

♦ **Matériel** ♦
1 moule en forme de grenouilles (voir chapitre "Magasinage")

♦ **Ingrédients** (pour 6 personnes) ♦
80gr de guimauve (marshmallows)
50gr de chocolat au lait
50gr de chocolat noir

Brisez les chocolats en gros morceaux à l'aide d'un sort de Cassedur.
Emplissez un chaudron grand modèle d'eau claire puis placez un petit chaudron dessus en veillant à ce que le niveau d'eau soit toujours suffisant pour que sa base trempe dedans.
Versez les morceaux de chocolat dans le petit chaudron et faites fondre doucement à feu doux.
Lorsque le chocolat forme un ruban lisse, versez-le dans les moules en forme de grenouilles, répartissez-le soigneusement en utilisant un sortilège de Lévitation et retournez les moules sur un papier cuisson (ou un plat) afin que le surplus de chocolat s'écoule.
Placez ensuite les moules dans un endroit très frais durant 30mn.

Faites doucement fondre la guimauve avec un peu d'eau jusqu'à obtenir une crème lisse.
Sortez les grenouilles du frais, garnissez l'intérieur de guimauve fondue en lissant bien à l'aide d'une cuillère et replacez au frais au moins 2h (plus vos grenouilles seront restées au froid, meilleures elles seront).

Faites fondre à nouveau le reste du chocolat de la même manière que précédemment, recouvrez délicatement les grenouilles en lissant le surplus de chocolat et placez à nouveau au frais pour 30mn.
Démoulez avec précautions puis prononcez le sort de Gigotage pour donner vie aux grenouilles.

ꕥ Pâtes-à-citrouille ꕥ

♦ **Préparation** : 5mn + repos 2h ♦ **Cuisson** : 10mn ♦

♦ **Matériel** ♦
1 emporte-pièce en forme de citrouille (voir chapitre "Techniques pour non-magiciens")
1 mixer, 1 plat

♦ **Ingrédients** (pour 500gr) ♦
250gr de chair de potiron (rouge d'étampe, galeuse d'eysines...)
325gr de sucre à confitures
1 filet de jus de citron

Enfilez vos gants de protection, puis, à l'aide d'un sort de Coupetout, ôtez l'écorce du potiron. Découpez ensuite la chair en morceaux et mixez-la rapidement.
Versez le potiron, le sucre et le jus de citron dans un chaudron de taille moyenne et portez à ébullition.
Placez une petite assiette au congélateur ou jetez-lui un sort de Fige-glagla de niveau 3.
Remuez sans cesse en chantant le temps de faire totalement fondre le sucre (condition essentielle à la réussite de la recette).
Après 10mn de cuisson, sortez l'assiette du congélateur, versez quelques gouttes dessus, comptez jusqu'à dix et levez l'assiette à la verticale.
Votre pâte est parfaite si elle reste bien figée. Si le sirop coule, prolongez la cuisson et recommencez le test.

Placez une feuille de papier cuisson dans le plat en la laissant dépasser des bords, puis versez le mélange et laissez refroidir.

Lorsque la pâte est totalement froide, découpez les citrouilles à l'aide de l'emporte-pièce puis roulez-les dans le sucre afin de pouvoir les tenir sans que vos doigts n'y soient collés

ꕥ Fondants du chaudron ꕥ

♦ **Préparation** : 30mn ♦ **Cuisson** : 45mn ♦

♦ **Matériel** ♦
1 moule à muffins
1 poche à douille (voir chapitre "Techniques pour non-magiciens")
1 feuille de papier cuisson

♦ **Ingrédients** (pour 6 personnes) ♦
250gr de chocolat pâtissier
6 œufs
180gr de beurre
180gr de sucre
100gr de farine
15gr de levure
100gr de crème fouettée
Vermicelle coloré pour la décoration

Cassez le chocolats en gros morceaux à l'aide d'un sort de Cassedur.
Conservez environ 1/4 du chocolat et autant de morceaux de la taille d'une noix que vous avez de convives.
Emplissez un chaudron grand modèle d'eau claire puis placez un petit chaudron dessus en veillant à ce que le niveau d'eau soit toujours suffisant pour que sa base trempe dedans.
Versez les morceaux de chocolat dans le petit chaudron avec le beurre et faites-les fondre doucement à feu doux.

Brisez les œufs et versez les blancs dans une terrine avec une pincée de sel (conservez les jaunes pour le reste de la recette).
Jetez un sort de Moussécume de niveau 2 ou utilisez un batteur électrique et battez les œufs en neige très ferme.

Les blancs sont prêts lorsque vous pouvez retourner le plat au-dessus de votre tête sans vous retrouver affublé d'un chapeau blanc et mousseux.

Préchauffez votre four à 180°C (Th7-8).

Tamisez la farine, la levure et le sucre au-dessus d'une terrine.
Versez ensuite les jaunes d'œufs, puis le mélange beurre-chocolat et utilisez un sort de Touilletout ou remuez doucement jusqu'à obtenir une crème mousseuse et homogène.

Ajoutez alors les blancs en neige en faisant d'amples mouvement pour incorporer le plus d'air possible dans votre pâte.

Remplissez alors vos moules aux 2/3, placez un morceau de chocolat non fondu à l'intérieur de la pâte et enfournez 45mn.

Pendant que les gâteaux cuisent, faites fondre le reste du chocolat dans la même manière que précédemment.
Versez une partie du chocolat dans la poche à douille (ou dans le sac de congélation dont vous aurez finement découpé une des extrémités), gardez le reste du chocolat au chaud.
Dessinez les anses des chaudron en faisant couler le chocolat sur le papier cuisson.
Utilisez un sort de Fige-glagla ou placez au frais 30mn.

Vérifiez la cuisson de vos gâteaux : plongée en leur cœur, la pointe de votre baguette magique (ou d'un couteau) doit ressortir propre et sèche.
Une fois les fondants refroidis, creusez légèrement la partie plate à l'aide d'une petite cuillère,
Plongez ensuite la partie bombée dans le chocolat fondu afin de l'enrober de toutes parts, laissez sécher sur une assiette ou une grille.

Garnissez la partie creusée de crème fouettée, décorez de vermicelles et placez les anses.

ꟾ Dragées Surprises ꟾ

♦ **Préparation** : 45mn ♦

♦ **Matériel** ♦
1 seringue très fine de 5ml (sans aiguille)

♦ **Ingrédients** (pour 6 personnes) ♦
1 sachet de bonbon dragéifiés (type Dragibus©)
1 cuillère à café de :

pâte à tartiner (p.18)
noix de coco en poudre
café lyophilisé
compote de bananes
marmelade d'orange (p.26)
gelée à la menthe
confiture de fraises
toasts grillés réduits en chapelure
gelée de myrtilles
confiture de cerises
cannelle moulue
pâte de curry
poivre moulu
purée d'épinards
sardines en conserve écrasées
moutarde
saucisses mixées
purée de haricots blancs
dentifrice

Incisez délicatement chaque dragée à l'aide de la pointe d'un petit couteau. Prélevez ensuite avec la seringue 1/2ml d'ingrédient pour une dragée. Introduisez l'extrémité de la seringue dans l'ouverture et poussez le piston afin de remplir entièrement le bonbon. Procédez de la même manière pour toutes les dragées surprise (la tâche étant assez longue, il est conseillé d'obtenir l'aide de plusieurs Elfes de Maison)
Les dragées surprises se conservent au froid et doivent se consommer rapidement.

☙ Baguettes magiques comestibles ❧

♦ **Préparation** : 20mn + repos : 2h et 2x30mn ♦

♦ **Matériel** ♦
1 moule en forme de baguette (voir chapitres "Techniques pour non-magiciens" et "Magasinage")

♦ **Ingrédients** (pour 6 personnes) ♦
500gr de lait concentré non sucré
1 pointe de couteau d'agar-agar
50gr de chocolat au lait
50gr de chocolat noir
1 cuillère à café par baguette de : morceaux de rouleaux de réglisse, zestes d'agrumes, guimauve coupées en petits bâtons, caramels, fruits confits en dés, fruits à coques (noix, noisettes, amandes...), pâtes de fruits,...

Brisez les chocolats en gros morceaux à l'aide d'un sort de Cassedur.
Emplissez un chaudron grand modèle d'eau claire puis placez un petit chaudron dessus en veillant à ce que le niveau d'eau soit toujours suffisant pour que sa base trempe dedans.
Versez les morceaux de chocolat dans le petit chaudron et faites fondre doucement à feu doux.
Lorsque le chocolat forme un ruban lisse, versez les 3/4 dans les moules en forme de baguette et conservez le reste.
Répartissez soigneusement en utilisant un sortilège de Lévitation et retournez les moules sur un papier cuisson (ou un plat) afin que le surplus de chocolat puisse s'écouler.
Placez ensuite les moules dans un endroit très frais durant 30mn.

Durant ce temps, portez le lait concentré à ébullition en utilisant un sort de Flammedrue de niveau 2.
Dès l'apparition des bulles, baissez le feu et ajoutez l'agar-agar, remuez bien, et laissez chauffer durant 5mn.

Sortez les baguettes en chocolat du frais et remplissez-les de lait concentré et de confiseries de votre choix, lissez et replacez au frais au moins 2h.

Faites fondre à nouveau le reste du chocolat de la même manière que précédemment, recouvrez délicatement les baguettes en lissant le surplus de chocolat et placez à nouveau au frais pour 30mn.

Démoulez avec précautions puis prononcez le sort de votre choix afin de voir quelle baguette vous conviendra le mieux.
N'oubliez pas : *C'est toujours la baguette qui choisit son sorcier.*

☙ Cubes Coco ❧

♦ **Préparation** : 5mn + 2h de repos ♦

♦ **Matériel** ♦
1 plat
1 feuille de papier cuisson

♦ **Ingrédients** (pour 15 cubes) ♦
250gr de sucre glace
200gr de lait concentré non sucré
450gr de noix de coco rappée
Vermicelle coloré pour la décoration

Utilisez un sort de Touilletout afin de mélanger tous les ingrédients jusqu'à ce qu'ils forment un ensemble homogène.
Déposez ensuite la feuille de papier cuisson dans le plat, recouvrez avec la pâte de coco et lissez soigneusement avant de placer au frais durant au moins 2h.
Au bout de ce temps, découpez la pâte en cube et roulez-les dans le vermicelle coloré.
Conservez au frais ou lancez un sort de Fige-glagla

ꕥ Nids de cafards ꕥ

♦ **Préparation** : 20mn + repos : 30mn ♦

♦ **Matériel** ♦
1 moule à tartelettes de 7,5cm ou voir chapitre "Techniques pour non-magiciens"

♦ **Ingrédients** (pour 6 nids et leurs cafards) ♦

Pour les nids :
200gr de chocolat à pâtisser
200gr de corn-flakes nature et non sucrés
50gr de dés de fruits confits

Pour les cafards :
100gr de dattes
50gr de nougat

Brisez le chocolat en gros morceaux à l'aide d'un sort de Cassedur.
Emplissez un chaudron grand modèle d'eau claire puis placez un petit chaudron dessus en veillant à ce que le niveau d'eau soit toujours suffisant pour que sa base trempe dedans.
Versez les morceaux de chocolat dans le petit chaudron et faites fondre doucement à feu doux.

A l'aide d'un sort de Crabouille, écrasez grossièrement les corn-flakes dans une terrine, puis découpez les fruits confits en petits dés et ajoutez-les.

Lorsque le chocolat forme un ruban lisse, versez-le dans la terrine et mélangez à l'aide d'un sort de Touilletout. Disposez un film micro-onde au fond des moules.
Répartissez dans les moules à tartelettes et laissez solidifier dans un endroit très frais durant au moins 30mn. Démoulez et ôtez les feuilles de film.

A l'aide d'un sortilège de Découptout, incisez les dattes, puis dénoyautez-les en utilisant un sortilège de Lévitation.
Découpez ensuite le nougat en bâtonnets un peu plus longs que les dattes, puis farcissez celles-ci en laissant le nougat apparaître pour former la tête des cafards.

ꙮ Caramels Collaudents ꙮ

♦ **Préparation** : 30mn + 1h de repos ♦

♦ **Matériel** ♦
1 emporte-pièce en forme d'étoile (voir chapitre "Techniques pour non-magiciens")
1 feuille de papier cuisson
1 plat

♦ **Ingrédients** (pour 20 caramels) ♦
200gr de lait concentré sucré
125gr de sucre glace
60gr de beurre
1 cuillère à soupe de miel

Dans un chaudron petit modèle, faîtes chauffer à feu doux le beurre, le lait concentré, le sucre et le miel.
Durant ce temps, déposez le papier cuisson à l'intérieur de votre plat en le laissant largement dépasser au-delà des bords.
Lorsque le sucre est totalement dissout, portez à ébullition (pour cela, lancez un sort de Flammedrue de niveau 3 ou augmentez la puissance du feu).
Dès l'apparition des premières bulles, baissez le feu et laissez cuire 20mn en remuant sans cesse et sans laisser bouillir, sinon le caramel attacherait fourbement par le fond de la casserole et risquerait de brûler.
Au fur et à mesure de la cuisson, la couleur du mélange va passer du blanc au doré et épaissir petit à petit pour former une belle crème lisse et épaisse.
Si le caramel est trop liquide, poursuivez la cuisson encore quelques minutes.
Enfilez vos gants de protection et versez le caramel dans le plat sur 1cm de hauteur, lissez et laissez prendre au frais durant 1h environ (ou au moins 30mn).
Lorsque le caramel est figé, découpez-le à l'aide d'un sortilège d'Incisura ou de votre emporte-pièce et conservez au frais.

ꕤ Chocoballes ꕤ

♦ **Préparation** : 20mn + repos : 30mn ♦

♦ **Ingrédients** (pour 6 personnes) ♦
200gr de chocolat à pâtisserie
100gr de sucre glace
100gr de beurre
100gr de riz soufflé non sucré
Vermicelles au chocolat pour la décoration

Cassez le chocolats en gros morceaux à l'aide d'un sort de Cassedur.
Emplissez un chaudron grand modèle d'eau claire puis placez un petit chaudron dessus en veillant à ce que le niveau d'eau soit toujours suffisant pour que sa base trempe dedans.
Versez les morceaux de chocolat dans le petit chaudron avec le beurre et faites-les fondre doucement à feu doux.

Lorsque le mélange forme un ruban lisse, versez-le dans une terrine, ajoutez le sucre puis le riz soufflé
Mélangez bien à l'aide d'un sort de Touilletout et placez au frais 30mn jusqu'à ce que le mélange soit ferme.
Prélevez une noisette de pâte, roulez-la entre vos mains pour former une petite balle.
Passez les chocoballes dans le vermicelle en chocolat et conservez au frais.

☙ Gommes de limace ❧

♦ **Préparation** : 20mn ♦ **Cuisson** : 30mn ♦

♦ **Matériel** ♦
1 moule à mini-madeleines (voir chapitres "Techniques pour non-magiciens")
1 mixer

♦ **Ingrédients** (pour 20 limaces) ♦
250gr de pommes vertes acides non traitées au Rapid'Pouss ou Pas-de-bébêtes
1/4l d'eau
30ml de jus de citron
175gr de feuilles de menthe du Potager du Château
125 gr de Sucre à confiture (en fonction du jus récupéré).

Rincer les pommes et les réduire en purée à l'aide de votre mixer ou d'un sortilège de Crabouille.
Placez une petite assiette au congélateur ou lancez-lui un sort de Fige-glagla.
Versez la purée de pommes, l'eau, le jus de citron et les feuilles de menthe dans un chaudron modèle standard et portez à ébullition à l'aide d'un sortilège de Souffle de Dragon de niveau 2.
Laissez cuire 10mn puis filtrez au-dessus d'une terrine pour recueillir le jus.
Pesez alors ce jus et ajoutez la même quantité de sucre.
Versez le mélange obtenu dans le chaudron et laissez bouillir 4 à 7mn.
La mixture est prête lorsqu'une goutte versée sur l'assiette froide se fige le temps de compter à l'envers jusqu'à dix.
Versez alors les gommes de limace dans les moules et laissez refroidir au frais.

au terrier

La maison, haute de plusieurs étages, était si branlante qu'elle ne semblait tenir que grâce à un sortilège. CHS-3

꙳ Sandwiches ꙳

Assortiment pour voyage dans le train express, après-midi à vol de balai ou récurage intensif de l'Ordre. OP-6

Attitré de Ron

Très affairée, la mère de Ron, oublie parfois que son fils déteste le corned-beef. ES-6

♦ **Préparation** : 5mn ♦
♦ **Ingrédients** (pour 4 sandwiches) ♦

8 tranches de pain de mie complet
200gr de corned beef
250gr de chou blanc coupé en fines lanières
200gr de cheddar rappé
60gr de crème fraîche épaisse
60gr de moutarde à l'ancienne

A l'aide d'un sort de Grille-vite, faites toaster les tranches de pain de mie.
Rincez le chou blanc et égouttez-le soigneusement.
Dans un petit bol, mélangez la crème fraîche avec la moutarde.
Tartinez généreusement les tranches de pain avec ce mélange, disposez le chou sur la première tranche, puis le corned beef, saupoudrez de cheddar râpé et recouvrez avec la seconde tranche de pain.

ꟈ Ribouldingue de Fred & Georges ꟈ

♦ **Préparation** : 5mn ♦
♦ **Ingrédients** (pour 4 sandwiches) ♦

8 tranches de pain de seigle
200gr de mimolette
250gr de truite fumée
1 cuillère à café de paprika
60gr de beurre

Lancez un sort de Souffle de Dragon de niveau 1 afin de toaster les tranches de pain, puis râpez la mimolette à l'aide d'un sort de Moulinette et émincez la truite en lanière en utilisant un sort de Découptout.
Étalez ensuite le beurre sur chaque tranche de pain grillé en le saupoudrant d'une pincée de paprika. Disposez la mimolette râpée, puis la truite fumée et recouvrez avec la seconde tranche de pain.

Préféré de Ginny

♦ **Préparation** : 5mn ♦ Cuisson : 5mn ♦
♦ **Ingrédients** (pour 4 sandwiches) ♦

8 tranches de pain de mie
200gr de bacon
1 boule de mozzarella
200gr de tomates séchées
4 cuillères à soupe de miel liquide

Toastez les tranches de pain jusqu'à ce qu'elles soient croustillantes et dorées.
Dans une poêle, faites griller le bacon 5mn, puis égouttez-le ainsi que les tomates sur du papier absorbant.
Découpez la mozzarella en très fines tanches, disposez-en une partie sur le premier toast, versez dessus la moitié du miel liquide, puis disposez les tomates, le bacon, le reste du miel, de la mozzarella et recouvrez avec le dernier toast.

ꕤ Chouchou de Percy ꕤ

♦ **Préparation** : 5mn ♦

♦ **Ingrédients** (pour 4 sandwiches) ♦

8 tranches de pain de mie
200gr de thon en conserve
1 bouquet de feuilles de menthe fraîche
100gr de petits pois cuits
100gr de fromage blanc

Rincez les feuilles de menthe puis coupez-les très finement.
Pilez les petits pois dans un bol ou utilisez un sort de Crabouille, versez ensuite le fromage blanc et mêlez vivement afin de faire prendre de l'ampleur au mélange.
Émiettez le thon et ajoutez-le à la menthe ciselée.
Tartinez chaque tranche de purée de petits pois, saupoudrez généreusement de thon à la menthe et recouvrez soigneusement avec la seconde tranche de pain en veillant à aligner parfaitement les bords.

ꕤ Favori de Charly ꕤ

♦ **Préparation** : 5mn ♦

♦ **Ingrédients** (pour 4 sandwiches) ♦

8 tranches de pain de campagne
200gr de poulet cuit
1 cuillère à café de curry
100gr de fromage frais
30gr d'amandes effilées
30gr de raisins secs.

Lancez un sort de Souffle de Dragon de niveau 1 afin de toaster les tranches de pain.
Utilisez un sort de Découptout et détaillez le poulet en lanières.
Mélangez dans un bol le curry avec le fromage frais et enduisez généreusement de cette mixture chaque face des tranches de pain. Disposez ensuite les lanières de poulet, parsemez d'amandes et de raisins secs et refermez avec une autre tranche de pain.

ꟸ Régal de Bill ꟸ

♦ **Préparation** : 5mn ♦
♦ **Ingrédients** (pour 4 sandwiches) ♦

8 tranches de pain de campagne
8 tranches de roast-beef pas trop cuit
1/2 botte de radis
150gr de roquette
60gr de beurre

Découpez le pain en 8 belles tranches que vous recouvrez de beurre doux.
Rincez la roquette, lavez, égouttez et équeutez les radis puis découpez-les en rondelles.
Disposez une tranche de viande sur chaque tartine, parsemez de rondelles de radis, recouvrez de roquette et surmontez de la dernière tranche de pain.

Bonheur d'Arthur

♦ **Préparation** : 5mn ♦
♦ **Ingrédients** (pour 4 sandwiches) ♦

8 tranches de pain de mie complet
200gr de roquefort
200gr de raisin
100gr de cerneaux de noix
Beurre selon votre goût.

Faites délicatement toaster les tranches de pain jusqu'à ce qu'elles soient croustillantes.
Dans une terrine, écrasez le roquefort avec du beurre si vous l'aimez plus doux.
Utilisez un sort de Crabouille et brisez les cerneaux de noix en gros morceaux.
Rincez le raisin, égouttez-le et coupez les grains en deux.
Tartinez généreusement chaque tranche de pain avec le roquefort, disposez les grains de raisin, parsemez de cerneaux de noix et recouvrez d'une la seconde tranche de pain.

∞ Chéri de Molly ∞

♦ **Préparation** : 10mn ♦ **Cuisson** : 9mn ♦

♦ **Ingrédients** (pour 4 sandwiches) ♦
8 tranches de pain
4 œufs
2 carottes
8 feuilles de laitue
60gr de mayonnaise

Faites bouillir de l'eau dans un petit chaudron sur feu vif.
Lorsque les premières bulles apparaissent, plongez délicatement les œufs dans l'eau et laissez-les cuire 9mn.
Durant ce temps, rincez et égouttez les feuilles de laitue et grattez puis épluchez et râpez les carottes.
Écalez les œufs et coupez-les en tranches à l'aide d'un sortilège de Tranchette.
Badigeonnez chacune des tranches de pain de mayonnaise, disposez ensuite la laitue, les œufs et les carottes puis recouvrez avec une seconde tranche.

ꟸ Glace à la fraise façon Terrier ꟸ

La glace à la fraise fut servie tandis que les papillons de nuit voletaient autour d'eux. CS-5

♦ **Préparation** : 10mn + repos 5h.

♦ **Matériel** ♦
1 mixer
Bac(s) ou moule(s) en silicone pour contenir 1l

♦ **Ingrédients** (pour 1l) ♦
500gr de fraises
200gr de sucre glace
1 jus de citron
250ml de crème fouettée

Ôtez les gnomes des fraises, rincez-les puis équeutez-les (les fraises, pas les gnomes).
Mixez ensemble les fruits, le sucre et le jus de citron ou jetez-leur un sort d'Amalgamix.
Ajoutez ensuite la crème fouettée en pratiquant des mouvements amples et lents afin d'emmagasiner le plus d'air possible dans votre préparation (vous pouvez passer cette étape si vous maîtrisez le sort de Mousseneige).
Versez le mélange dans le bac ou les moules aux formes de votre choix puis placez au congélateur au moins 5h.

Tarte à la rhubarbe et sa crème anglaise

Lorsqu'il eut repris repris trois fois de la tarte à la rhubarbe accompagnée de crème anglaise, il sentit son pantalon le serrer. OP-5

♦ **Préparation** : 30mn ♦ **Cuisson** : 45mn ♦

♦ **Matériel** ♦
1 moule à tarte de 22cm de diamètre

♦ **Ingrédients** (pour 6 personnes) ♦

Pour les Sorciers de 1er cycle :
1 pâte brisée
500gr de compote de rhubarbe
100gr de sucre brun
20gr de beurre
1 pot de crème dessert à la vanille
1 cuillère à soupe de lait

Pour les Sorciers de 2nd cycle :

Pâte :
100gr de beurre mou
200gr de farine
50gr de sucre glace
1 œuf
1 pincée de sel

Garniture :
1kg de rhubarbe
100gr de sucre brun
20gr de beurre

Crème anglaise :
4 jaunes d'œufs
125gr de sucre
1 gousse de vanille
1/2l de lait

Préparation de la pâte pour les Sorciers de 2nd cycle :

Sans vous laisser distraire par les cris de la goule du grenier, mélangez dans une terrine le beurre mou et le sucre.
Mêlez à l'aide d'un sort de Touilletout jusqu'à ce que le mélange soit crémeux, ajoutez alors la farine et la pincée de sel, mélangez encore dans le sens inverse de la course du soleil puis incorporez l'œuf (sans la coquille).
Formez une galette épaisse et laissez reposer 15mn au frais.

Pendant ce temps, préparez la rhubarbe : coupez les extrémités, ne l'épluchez que si les branches sont larges et très filandreuses, utilisez un sort de Découpetout et divisez la rhubarbe en petits tronçons.
Déposer les morceaux dans un chaudron modèle standard avec un petit verre d'eau, le sucre et le beurre. Couvrez et laisser chauffer 15mn à feu doux.

Pour tous les Sorciers :
Préchauffez votre four à 180°C (Th 7-8).
Étalez la pâte dans le moule, piquez le fond avec une fourchette (ou utilisez un sort de Hérissépique), versez la compote et répartissez-la harmonieusement puis enfournez pour 45mn.

Préparation de la crème anglaise pour les Sorciers de 2nd cycle :
Battez ensemble les œufs et le sucre.
Incisez la gousse de vanille dans le sens de la longueur puis récoltez les grains en utilisant le dos de votre couteau ou un sortilège de Ramènetout et ajoutez les grains de vanille au mélange précédent.
Placez un petit chaudron sur feu très doux et faites chauffer le lait : celui-ci doit être chaud mais non bouillant.

Hors du feu, versez le lait sur les œufs et fouettez vivement, puis remettez l'ensemble dans le chaudron et laissez cuire 5mn à feu très tiède en tournant sans cesse avec une cuillère en bois de bouleau blanc et sans jamais laisser bouillir.

La crème est prête lorsque votre doigt laisse une empreinte nette sur le dos de la cuillère.

Pour les sorciers de 1er cycle :

Délayez la crème à la vanille avec le lait et faites tiédir dans un petit chaudron ou à l'aide d'un sort de Souffle de Dragon de niveau 1.

Servez la tarte à la rhubarbe accompagnée de crème tiède et dégustez en bonne compagnie.

Chocolat chaud pour veille de rentrée (p.131), tarte à la rhubarbe et sa crème anglaise (p.127)

Chocolat chaud pour veille de rentrée

Avant d'aller dormir, la veille de la rentrée, ils burent un dernier chocolat chaud. **CHS-5**

♦ **Préparation** : 10mn ♦

♦ **Ingrédients** (pour 6 personnes) ♦

1/2l de lait
500gr de crème fouettée
90gr de cacao
90gr de miel

Versez le lait dans un petit chaudron, ajoutez le miel et laissez tiédir.
Ajoutez le cacao à l'aide d'un sort de Neige-dru et mélangez doucement en tenant votre baguette de la main gauche.
Versez alors la crème fouettée et servez aussitôt.

C'est Tante Muriel qui a donné cette recette à Maman, il paraît qu'elle la tient de la cousine de l'oncle de la sœur de son grand père, ou quelque chose comme ça... R.

les bonnes recettes de Kreatur

L'air empressé, Kreatur revint vers la table une immense soupière entre les mains. Sifflotant entre ses dents, il emplit de soupe les bols immaculés. RM-12

ꕥ Potage au regard de Basilic ꕥ

Le Basilic possède des yeux mortels qui exposent à un trépas certain celui ou celle qui croise son regard. CHS-16

♦ **Préparation** : 10mn ♦ **Cuisson** : 45mn ♦

♦ **Matériel** ♦
1 mixer

♦ **Ingrédients** (pour 4 personnes) ♦
1 grosse botte de cresson (hors saison, utilisez différentes variétés de salades)
1l d'eau
2 pommes de terre de taille moyenne
4 œufs
1 olive noire

Kreatur rince le cresson, casse et enlève leurs grosses tiges.
Ensuite il lave les pommes de terre, les épluche et les découpe à l'aide d'un sortilège de Secator.
Kreatur va tirer de l'eau et la chauffe dans un grand chaudron. Lorsque de gros bouillons apparaissent, il plonge les pommes de terre dans l'eau et les laisse cuire 35-40mn jusqu'à ce que la pointe d'un couteau rentre facilement dans leur chair.
Il ajoute alors le cresson et poursuit la cuisson encore 5 minute puis il mixe.

Kreatur connat son travail, la soupe au regard de Basilic doit tre aussi verte que les cailles du Grand Serpent.

Dans le même temps, Kreatur fait bouillir encore de l'eau dans un second et plus petit chaudron, il met les œufs dedans et fait cuire 9mn précisément.

Kreatur enlève les œufs de l'eau et les passe tout de suite sous l'eau glacée pour faire éclater leur coquille et il les écale avant de les inciser afin d'extraire les jaunes en faisant attention à conserver leur forme ronde.

Kreatur sait que ses matres sont trs attentifs ce dtail

Il coupe ensuite un côté du jaune d'œuf pour le faire tenir tranquille lorsqu'il sera posé dans l'assiette et émince l'olive en lanière.

Kreatur pose le jaune d'œuf au centre d'une assiette creuse aux armes de la famille de ses maîtres, il verse la soupe jusqu'à la moitié de la hauteur de l'œuf, place la lanière d'olive sur le jaune d'œuf pour faire comme l'œil du Basilic et sert très chaud.

꧁ Mijoté d'Hippogriffe ꧂

Attaché à la clôture derrière les plants de citrouille, l'hippogriffe semblait suspecter quelque chose. PA-16

♦ **Préparation** : 30mn ♦ **Cuisson** : 25mn ♦

♦ **Matériel** ♦
4 feuilles de papier cuisson

♦ **Ingrédients** (pour 4 personnes) ♦
300gr de morceaux d'hippogriffe fraîchement exécuté (ou 400gr de sauté d'autruche)
300gr de trompettes de la mort
1 oignon
400gr de pommes de terre vitelottes (violettes)
100gr de crème fraîche
80gr de beurre
60gr de gelée de groseilles
Sel, poivre

Kreatur commence par jeter un peu de beurre dans une marmite et faire revenir rapidement les morceaux d'hippogriffe (ou d'autruche) sur un feu très vif afin de les griller sur toutes leurs faces.

Ensuite Kreatur essuie les trompettes de la mort avec un linge humide.
Il ne faut pas baigner les champignons, sinon ils se gorgent d'eau et les maîtres n'aiment pas ça du tout.
Kreatur épluche l'oignon sans pleurer puis il le coupe en lanières.

Kreatur étale de grands morceaux de papier cuisson, il dispose quelques morceaux d'hippogriffe, les entoure de trompettes de la mort et d'oignons.

Il sale, poivre, ajoute une noisette de beurre et n'oublie pas la cuillère de gelée de groseilles.

Ensuite Kreatur referme les papiers cuisson en repliant une première fois un côté sur l'autre , puis en repliant une petite bande large comme deux doigts et encore la même bande une seconde fois pour que tous les bons arômes se retrouvent bien enfermés dans le papier.

Kreatur met au four et laisse cuire 25mn à 180°C (Th. 7-8).

Pendant que l'hippogriffe (ou l'autruche) cuit, Kreatur lave, épluche et découpe les pommes de terre. Il les plonge ensuite 40mn dans un grand chaudron d'eau bouillant jusqu'à ce qu'un couteau puisse entrer facilement dans leur chair.
Alors Kreatur les réduit en purée et ajoute la crème fraîche.

Kreatur sert la viande avec les trompettes de la mort, la purée violette et la sauce rouge comme le sang de l'hippogriffe.

Les matres sont satisfaits de la cuisine de Kreatur, jamais ils ne lui ont donne de vtements.

ꟾ Croustillant de Sang-de-Bourbe ꟾ

Le professeur a publié la semaine passée un plaidoyer exalté expliquant que les Sangs de bourbe ne sont pas très différents de nous. RJR-1

♦ **Préparation** : 10mn + 15mn de repos ♦ **Cuisson** : 15mn ♦

♦ **Matériel** ♦
4 cercles à pâtisserie de 8cm de diamètre (voir chapitre "Techniques pour non-magiciens")
1 poche à douille (voir chapitre "Techniques pour non-magiciens")

♦ **Ingrédients** (pour 4 personnes) ♦
200gr de sablés
200gr de chocolat noir
200gr de crème fouettée sucrée
1 bocal de cerises noires au sirop (griottes...)

Kreatur commence par écrabouiller les sablés dans une terrine jusqu'à ce qu'ils soient réduits en poudre très fine. Ensuite, il place les cercles sur des assiettes et tasse la poudre de biscuit à l'intérieur pour former des socles comme ceux des statues à la gloire des maîtres, puis il met les assiettes au frais 15mn.

Après, Kreatur fait fondre doucement le chocolat et le laisse refroidir jusqu'à ce qu'il soit tiède, puis, il le mélange à la crème fouettée, rajoute du sucre si nécessaire et place au frais avec les biscuits.

A ce moment Kreatur égoutte les cerises, il garde le jus et le verse dans un petit chaudron qu'il fait bouillir très fort pendant 15mn jusqu'à ce que le jus soit devenu épais et sirupeux.

Kreatur sort les biscuits du frais, enlève les cercles et dispose les cerises sur les biscuits, en rond comme sur une tarte.
Puis Kreatur prend la poche à douille, la rempli avec la crème fouettée puis forme sur les cerises des dômes de chocolat aussi vénérables que l'esprit des ses maîtres.
Il dispose ensuite des cerises sur les dômes en appuyant un peu pour qu'elles ne tombent pas et termine son travail en versant une cuillère de sirop sur chaque dessert de ses nobles maîtres.

Ce dessert est le favori de la trs noble et trs ancienne famille des matres de Kreatur.

ꕥ Baiser du Détraqueur ꕥ

A leur approche, un froid intense semble envahir le monde et se répandre dans tout votre corps. PA-5

♦ **Préparation** : 2mn ♦

♦ **Ingrédients** (pour 6 personnes) ♦
1l de jus de citron
30cl sirop de menthe glaciale

Kreatur verse le sirop dans les beaux verres de ses maîtres, le dilue très doucement avec le jus de citron afin de conserver la couleur aussi trouble et verdâtre que possible.

Les matres aiment que Kreatur leur serve cette boisson glaces.

Vin des Elfes (sans alcool)

Severus versa le vin dans trois verres qu'il tendit aux deux sœurs :
- Au Seigneur des Ténèbres. PSM-2

♦ **Préparation** : 5mn + 1h de repos ♦ **Cuisson** : 5mn ♦

♦ **Ingrédients** (pour 4 personnes) ♦

50cl de jus de raisin
30cl d'eau
1 orange
4 cuillères à soupe de sucre brun
1 poignée de myrtilles (surgelées si hors saison)
1 cuillère à café de gingembre moulu
1 cuillère à café de muscade en poudre
1 bâton de cannelle
1 étoile de badiane (anis étoilé)

A l'aide d'un couteau bien tranchant, Kreatur pèle l'orange à vif puis il découpe la chair en quartiers.
Il verse tous les ingrédients dans le chaudron en commençant par le vin couleur de sang, fait bouillir 5mn, enlève le chaudron du feu et laisse reposer 1h en remuant de temps en temps.
Après cela, Kreatur filtre la mixture et sert chaud ou froid selon les désirs de ses maîtres.

Index par plats

Soupes et potages

Sandwiches et entrées

Plats et légumes

Desserts

Douceurs et confiseries

Glaces

Boissons

Magasinage

Ingrédients

Les **jelly, chutney aux airelles** (ou canneberges ou cranberries, il s'agit du même fruit)**, mincemeat, golden syrup** (mélasse)**, cream soda et Butterscotch©** se trouvent aux rayons "épicerie du monde", étagères "produits britanniques" de la plupart des supermarchés.

Sur internet : www.piccadilly-time.com ou sur les sites spécialisés en épicerie du monde.

Les **préparations pour pudding** (Impérial©, Alsa©...) ainsi que les **écorces d'oranges confites** se cachent au rayon pâtisserie.

Les **granulés de fenouil** sont tapis au rayon boissons pour bébés (Milumel©, Babysol©...).

Feuilles de **citronnelle**, d'**églantier**, et fleurs de **sureau** sont à récolter dans les herboristeries, magasins bio et rayons tisanes.

Toutefois, si le temps vous manque la marque de tisanes "Éléphant©", propose un mélange nommé "Ligne et équilibre©" reprenant les même ingrédients.

Moules et emportes-pièces

Grenouilles au chocolat : sur internet en utilisant les mots-clefs "chocolate frog mould" ou ici : Ebay (vendeur mrs_haggis) :
http://cgi.ebay.fr/ws/eBayISAPI.dll?ViewItem&item=311070095590

Baguettes magiques : moules pour bordures de gâteaux en forme de cordelettes vendus aux rayons chocolat/pâte à sucre des magasins spécialisés en matériel de pâtisserie.
Sur internet, utilisez les mots-clefs "moule cordelette gâteaux".

Moule ossements : de marque Wilton©, uniquement vendu (en France) au moment de la rédaction de ce livre sur le site : www.sibo-sibon.com

Emporte-pièce : ceux de la maison Stadter© se sont révélés d'une qualité excellente.
Il est à noter que l'emporte-pièce utilisé pour les **tritons** du Pr Mc Gonagall était disponible seulement sur le site : www.cook-shop.fr

Important :
Les noms et adresses sont communiqués à titre purement indicatif.
Ce livre n'ayant pas vocation de publicité pour des marques, boutiques ou sites de vente, cette liste non exhaustive est fournie à titre gracieux dans le but d'aider les lecteurs de cet ouvrage dans leurs recherches d'ingrédients et/ou de matériel.
L'auteur n'exerce aucune influence sur la disponibilité des produits et n'est pas responsable des soucis éventuels qui pourraient être rencontrés lors de commandes.

Techniques pour non-magiciens par le Professeur Géo Tournécrous

Emporte-pièces et cercles à pâtisserie :

Créez vos propres emporte-pièce et cercles en découpant les formes dont vous avez besoin dans un carton fin type bristol. Il ne vous reste plus ensuite qu'à suivre le contour avec la pointe d'un couteau fin ou fixer les extrémités avec des agrafes pour réaliser les formes de vos rêves.

Poches à douille :

Les cuisines des non-magiciens regorgent de sacs de congélations petits et moyens. Remplissez l'un d'eux aux 2/3, tournicotez l'extrémité du sac pour bien le fermer et coupez l'une des extrémités.

Si vous voulez utiliser une douille, n'oubliez pas de la placer dans le sac avant de remplir celui-ci, croyez-moi, la suite des opérations s'en trouvera grandement facilitée.

Seringues et autre pipettes :

De minuscules seringues (sans aiguilles, bien sûr) sont disponibles dans les pharmacies.

Vous pouvez aussi utiliser les pipettes pour médicaments liquides, le résultat est épatant !

Moules aux formes diverses :

Vous ne possédez pas le moule de vos rêves ? Pas de panique !

Façonnez-en un de vos mains avec de la pâte-à-sel !

Réalisez une pâte-à-sel en mélangeant 1 verre de sel pour 1 verre d'eau et 2 verres de farine, formez votre moule, laissez sécher 1 heure ou deux en fonction de l'humidité de votre pâte. Puis passez au micro-onde par périodes de 1mn à puissance minimum jusqu'à ce que la pâte soit bien dure. Au moment d'utiliser votre moule, garnissez-le de film pour micro-onde pour les préparations froides ou de papier cuisson pour les préparations chaudes.

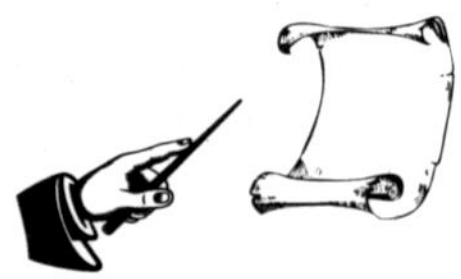

"Méfait accompli"